O Ator-Compositor

Matteo Bonfitto

O ATOR-COMPOSITOR

AS AÇÕES FÍSICAS COMO EIXO: DE STANISLÁVSKI A BARBA

PERSPECTIVA

Dados Internacionais de Catalogação na Publicação (CIP)
(Câmara Brasileira do Livro, SP, Brasil)

Bonfitto, Matteo
O ator-compositor : as ações físicas como eixo :
de Stanislávski a Barba / Matteo Bonfitto. —
São Paulo : Perspectiva, 2011.

3. reimpr. da 2. ed. de 2006
Bibliografia.
ISBN 978-85-273-0284-5

1. Arte dramática 2. Teatro – História e crítica
I. Título.

02-0454 CDD-792

Índices para catálogo sistemático:
1. Ações físicas : Teatro : Artes da representação 792

2ª edição – 3ª reimpressão
[PPD]

Av. Brigadeiro Luís Antônio, 3025
01401-000 São Paulo SP Brasil
Telefax: (011) 3885-8388
www.editoraperspectiva.com.br

2019

Para Vilma e Matteo, meus pais,
para José Luis e Simone,
meus irmãos;

para meus Mestres
Jacó Guinsburg
Eugenia Casini-Ropa
Fabrizio Cruciani (in memoriam)
Umberto Eco

e

para todos aqueles que sabem que
a criação de seres ficcionais, no teatro,
envolve procedimentos que vão
muito além de um
"bom estudo de mesa".

O mundo não é aquilo que eu penso, mas aquilo que eu vivo; eu estou aberto ao mundo, comunico-me indubitavelmente com ele, mas não o possuo, ele é inesgotável.

MAURICE MERLEAU-PONTY

Agradeço primeiramente ao Prof. J. Guinsburg, meu orientador, cuja colaboração foi fundamental para a definição e para o desenvolvimento desta pesquisa.

Agradeço também a Sílvia Fernandes; a Luiz Fernando Ramos; ao escritor Fernando Bonassi; a Nicole Pschetz, a primeira leitora; e a duas importantes companheiras de trabalho e de pesquisa: Beth Lopes e Yedda Chaves.

Agradeço , por fim, a alguns daqueles que contribuíram para a construção de meu saber pragmático como ator, sem o qual este trabalho não se realizaria: Graziela Rodrigues, Luís Octavio Burnier, Luís Damasceno, Celso Frateschi, Enrico Masseroli, Antonio Fava, Onoe Ozomu, Judith Malina, Roberta Carreri, John Kalamandalam, Cesar Brie, Joseph Svoboda, Ana Kohler, Maria Helena Lopes, Stephan Stroux, Beth Lopes e Yoshi Oida.

Sumário

Um Modelo de Composição

Em palestra recente, a ensaísta Josette Féral teceu considerações precisas sobre a relação entre a teoria e a prática do teatro. A reflexão acerca das ligações de pensamento e cena no panorama contemporâneo foi precedida de uma abrangente análise do trânsito que sempre uniu a produção teórica ao palco, nas várias fases da história teatral. Constatando a recorrência desse vínculo, Féral fez questão de destacar a mudança substantiva que acompanhou a passagem do teatro-diversão-pura, característico dos palcos elizabetanos, onde os espetáculos eram a um só tempo objeto de consumo e elemento de atualização do contrato social palco-plateia, para o teatro-arte-pura inaugurado pelos simbolistas franceses nos estertores do século XIX. A mudança de foco da concreta realidade do corpo para os mistérios abstratos da alma teve como resultado visível o afastamento do público, talvez mais interessado em divertir-se do que em sondar, via correspondências, os invisíveis segredos de um outro mundo.

Acompanhando o paulatino distanciamento do espectador, a teoria teatral afastou-se, por seu turno, da prática do teatro, como se endossasse a ruptura do contrato social palco-plateia. O resultado de mais de um século de separação quase constante foi a clivagem que passou a desviar os estudos teóricos da prática do teatro. Especialmente a partir dos anos de 1950, a simbiose entre estudos e realização, teoria e profissão, parecia irremediavelmente perdida. Bernard Dort pareceu antecipar o diagnóstico da situação quando localizou nos anos de 1920 alguns dos resultados mais contundentes dessa cisão, com a publicação dos primeiros escritos orientados por uma abordagem puramente teórica. Polti, Mukaróvski, Souriau, Villiers e André Veinstein figurariam no rol dos autores das primeiras reflexões teorizantes, em sentido estrito, nos estudos teatrais.

Esse processo de distanciamento deu-se de formas distintas, mas talvez valha a pena ressaltar, como reflexo contemporâneo dessa decalagem, o pesquisador que se transforma em crítico, afastando-se cada vez mais dos processos criativos para olhar o teatro como obra acabada. A estética da recepção de Jauss e Herbert Blau, colaborando para transformar o espectador em criador de sua própria cena imaginária, foi outro passo na trilha de autonomia simultânea de palco e plateia.

No que diz respeito à pesquisa universitária, os sintomas mais comuns dessa situação são as pesquisas que, mesmo produzindo uma reflexão teórica consistente, raramente se debruçam sobre o ato da criação. É nesse sentido que o brilhante trabalho de Matteo Bonfitto vem preencher uma lacuna. Faz parte dos esforços de retomada do pensamento teatral ligado à prática, tendência que emerge com força nos estudos universitários dos últimos anos, no Brasil e no exterior.

No caso de Bonfitto, a importância do resgate é ainda maior se pensarmos que se trata de um ator excelente, afinado com os procedimentos mais recentes de criação teatral. Aliando formação teórica rigorosa à prática e ao ensino do teatro, empresta seus conhecimentos de história, estética, semiologia e teoria do jogo à investigação dos processos de criação do ator, oferecendo uma prova concreta de que a colaboração estreita entre a teoria e a prática é produtiva e possível.

Compreender a produção teatral como pesquisa e a pesquisa como prática do teatro é, sem dúvida, a contribuição maior deste livro e também uma forma eficaz de apropriar-se do trabalho do ator para entendê-lo como composição inteligente, que transforma materiais e mentalidades ao produzir sensibilização e ação. Esse é o ponto de partida da pesquisa. Como um músico ou um pintor, o ator é um compositor que sistematiza procedimentos quando planeja, combina, constrói e executa sua partitura de ações.

As *ações físicas*, hoje consideradas elemento fundante do fenômeno teatral, funcionam como guia privilegiado no percurso de discriminação de procedimentos criativos. Usando a diacronia para dar conta dos diversos estágios da prática do ator, o autor se detém com mais vagar, como não poderia deixar de ser, no método psicofísico de Stanislávski, em que as ações agem como iscas de processos interiores e como catalisadores de um sistema. Antes disso, porém, resgata as origens do conceito e da prática da ação física. Traçando o mapa da mina, recupera, já no princípio do livro, e talvez de forma inédita no Brasil, o famoso, mas pouco conhecido, Sistema de Estética Aplicada, de François Delsarte, repetindo, em abordagem detalhada, exata e inteligente, o movimento de aliar corpo e espírito que espelha a junção teoria/prática referida há pouco. Sem dúvida Matteo Bonfitto sabe a que se refere quando cita Delsarte: "Para cada função espiritual, corresponde uma função do corpo; para cada grande função do corpo, corresponde um ato espiritual".

O nível de detalhamento e de rigor com que são expostos os gêneros e espécies de Delsarte é um exemplo dos procedimentos que o pesquisador utilizará até o final do livro, traçando um panorama completo e inteligente dos princípios de atuação discriminados por artistas que, assim como Stanislávski, produziram um teatro que tem como eixo o intérprete. Meierhold, Laban, Étienne Decroux, Michael Tchékhov, Jerzy Grotóvski, Eugenio Barba, Pina Bausch e os teatros orientais, representados na reconstituição primorosa do modelo de *kata*, são relidos pelo filtro inédito das ações físicas, servindo como sistemas-fonte para a operação das matrizes geradoras, dos elementos e dos procedimentos de composição dessas ações. Mesmo em pesquisas recentes, como a do semiólogo italiano Marco De Marinis, não se constata o mesmo grau de aprofundamento e de abrangência no trato na questão.

Além do ineditismo da proposta e da qualidade inquestionável da execução, convém lembrar a utilidade deste livro para o ator brasileiro. No movimento, extremamente generoso, de socialização de seu saber e de sua prática, Bonfitto substitui as mitologias difusas de genialidade, talento e inspiração, que tornam o teatro inacessível à grande maioria, por materiais concretos e palpáveis, disponíveis a atores e pesquisadores capazes de optar pelo trabalho teatral exigente, construído a longo prazo e sem concessões. Funcionando como modelo de um novo homem de teatro, criador do projeto estético, mestre dos instrumentos de atuação, autor de partituras em que saber e fazer se harmonizam, o ator compositor é prova irrefutável de inteligência prática e inventividade teórica.

Sílvia Fernandes

Introdução

Ajustar as lentes. Este é o objetivo desta introdução. Ajustar o olhar em relação ao objeto que será examinado: o *ator-compositor*. Um ator que compõe. Mas antes de refletir sobre esse ator, examinemos o conceito que o especifica – *composição*.

Pois bem: "compor": *formar de várias partes; entrar na constituição de; constituir; arranjar; dispor; produzir; fazer; escrever,..* Essas são algumas das definições presentes nos mais importantes dicionários e enciclopédias. Tal termo, assim como o conceito dele derivado – composição –, é amplamente utilizado enquanto instrumento de análise e apreciação artística em várias formas de arte: Música, Arquitetura, Pintura, Escultura, Dança (composição coreográfica), e no Cinema (a composição da montagem em Eisenstein...). Além disso, em função de sua importância, tal conceito gerou diferentes disciplinas presentes nos programas pedagógicos dos cursos de formação artística no mundo inteiro. Nestes programas vemos: composição I, II, III, IV...

Mas quando lemos os programas dos cursos de formação do ator não encontramos a disciplina "Composição". Nada mais sensato, então, nos perguntarmos: por quê? Quais seriam os fatores envolvidos, neste caso, que podem ter contribuído para a não utilização de tal conceito no caso da formação do ator? Será um problema restrito ao teatro chamado "Ocidental", em que valores românticos tais como *originalidade*, *gênio* e *inspiração* ainda permeiam a prática do ator? Ou tal dificuldade teria relação com os problemas ligados à matéria desta forma de arte, ou seja, o aparato psicofísico do ser humano?

O objetivo deste trabalho não é o de explicar ou dar respostas que possam esgotar as questões levantadas acima, mas sim buscar sistematizar uma reflexão relacionada ao *como podemos pensar sobre composição no caso do trabalho do ator.* Para este fim, tal reflexão se servirá de inúmeras referências presentes nos três capítulos que seguem. Dentre as referências utilizadas, ao menos três utilizam literalmente o termo "composição" referindo-se ao trabalho do ator: V. Meierhold, M. Tchékhov e Eugenio Barba; o primeiro de maneira mais assídua. No entanto, este trabalho, ainda que utilize tais referências, não se limita a elas e ao horizonte conceitual nelas presente. O que se propõe aqui é a sistematização de informações relacionadas à questão descrita acima, por meio de um discurso construído a partir de um caminho específico, este dividido em três partes ou capítulos.

No primeiro capítulo – "A Codificação dos Materiais" –, foram escolhidas três referências: François Delsarte, Èmile Jacques-Dalcroze e os teatros orientais. Tais escolhas não foram casuais. Elas representam os fundamentos que dão origem a uma nova atitude, a um novo olhar em relação ao trabalho do ator: não mais o olhar que reforça o culto à personalidade ou os *mistérios* ligados à performance dos grandes atores, mas um olhar que vê o trabalho do ator e a expressão humana como objeto de conhecimento, como arte. Para tal fim, as três referências acima citadas contribuíram de maneira determinante.

François Delsarte (1811-1871) com o seu Sistema, efetua um deslocamento conceitual fundamental, que permitirá futuras elaborações sobre o trabalho do ator, dentre as quais a do próprio Stanislávski. Delsarte, através de suas formulações, desloca o pensar sobre o homem, e consequentemente sobre o ator, do polo da *representação* para o polo da *expressão*. Para entender a importância de tal deslocamento é necessário que se saiba que a atuação do ator na Europa do século XIX era concretizada pelo *representar*. Tal representar seguia então certos códigos definidos arbitrariamente por atores e suas companhias, constituídos na maioria das vezes de poses e gestos que corresponderiam a determinados sentimentos e situações. Dessa forma ao ator bastava reproduzir tais poses nas situações adequadas, e a "personagem" estava pronta. Com a passagem da representação à expressão, concretizada por Delsarte, não somente materializa-se a dimensão dos processos interiores, como também passa-se a constatar a sua ligação com a dimensão física do homem. A conexão interno-externo concretiza-se enfim. Feita essa conexão, Delsarte constrói um mapeamento das expressões humanas dividindo cada parte do corpo em tríades.

Dalcroze (1865-1950) com a sua Eurítmica, adotando a conexão elaborada por Delsarte, aprofunda a reflexão sobre as possibilidades expressivas do homem e do ator a partir de um elemento que estará ao centro de muitas teorias e poéticas: o ritmo. O ritmo passa a ser o eixo da relação entre o corpo e a música, tornando-se assim um elemento produtor de sentido.

Dos teatros orientais, o primeiro capítulo, será examinado somente um aspecto: o ético. Porém, tal aspecto não será analisado isoladamente, mas sim em relação com a percepção. Como veremos, durante o século XX, no trabalho de determinados artistas como Stanislávski, Meierhold, Brecht, Copeau, Grotóvski e Peter Brook, a conexão entre ética e percepção é evidente. Tais criadores mostraram como, sem a atitude adequada ao trabalho criativo, não se tornam possíveis as descobertas artísticas.

Como já dito, os aspectos extraídos das referências escolhidas foram fundamentais para a construção de um novo olhar sobre o trabalho do ator. As conexões entre dimensão interior e exterior na expressão humana, entre ética e percepção e a importância do ritmo, forneceram instrumentos que contribuíram para o surgimento de sistemas e teorias, essenciais à construção de um ator mais consciente dos elementos e da complexidade de seu ofício.

Ao fim do primeiro capítulo, justifica-se a utilização do conceito de material redefinindo-o a partir de Aristóteles. O ator que compõe, o ator-compositor, necessita de materiais para executar seu trabalho, os quais são classificados em três categorias – material primário: o *corpo*; secundário: as *ações físicas*; e terciário: os *elementos constitutivos das ações físicas*.

No segundo capítulo, seguindo a classificação presente no final do primeiro, o objeto de estudo será o material definido, neste trabalho, como secundário: as ações físicas. Vistas aqui como eixo do trabalho do ator-compositor, as ações físicas são examinadas em seu desenvolvimento diacrônico. Ou seja, após a descrição do percurso presente em Stanislávski da Linha de Forças Motivas ao Método das Ações Físicas, serão examinadas ulteriores contribuições para o desenvolvimento da ação física, passando, desta forma, por Meierhold e Brecht até Barba, Pina Bausch e os teatros orientais. Em seguida, a partir da descrição deste percurso, serão definidos, utilizando-se das referências já presentes anteriormente, os elementos *movimento* e *gesto*. As ações físicas serão, então, analisadas em relação aos outros elementos do espetáculo: o espaço, o figurino, os objetos, a luz, a música e a palavra. Ao fim do segundo capítulo uma hipótese será levantada: a ação física, a partir das questões tratadas e de seus elementos constitutivos (matrizes geradoras, elementos de confecção e procedimentos de confecção), pode ser considerada um elemento estruturante do fenômeno teatral?

Na segunda parte do trabalho, busca-se, portanto, traçar um percurso diacrônico através do qual a ação física se desenvolveu e se ampliou seja enquanto conceito, seja enquanto instrumento prático fundamental do trabalho do ator. Nesse sentido, no processo de escolha dos artistas tratados utilizou-se como critério de seleção a medida da importância das contribuições de cada artista para o desenvolvimento e ampliação da ação física. Esse critério me possibilitou agrupar Brecht e Artaud, que não colocam o ator como eixo absoluto do fenômeno teatral, aos outros criadores tratados, para os quais o intérprete é o principal elemento gerador de significações do fato cênico. Tal agrupamento justifica-se à medida que – assim como descrito no Quadro das Ações Físicas – também em Brecht e Artaud podemos reconhecer utilizações específicas de matrizes geradoras, elementos e procedimentos de confecção da ação física. Desse modo, tais artistas não poderiam ser excluídos da descrição sobre as contribuições feitas para o desenvolvimento teórico e prático de tal conceito.

Uma vez examinados nos dois primeiros capítulos os materiais – primário, secundário e terciário – no terceiro capítulo serão tratados os aspectos ligados à composição da atuação, para ao fim chegarmos ao ator-compositor, os princípios que regem sua prática e seus instrumentos: as diferentes práticas improvisacionais e os diferentes tipos de seres ficcionais. Por fim, por intermédio das questões e exemplos tratados, refletir-se-á sobre a importância de tais conceitos e princípios diante da complexidade do fenômeno teatral. Tal complexidade, presente em diferentes momentos históricos e intensificada no século XX, leva a crer cada vez mais que o ator, para ser criador, precisa saber compor.

Obviamente, este trabalho, assim como os escritos existentes sobre a prática do ator, não se propõe a expor "como fazer" uma composição, mas sim descrever elementos palpáveis que estão envolvidos na atuação do ator. Assim como nas outras formas de arte, porém, a atuação é vista aqui enquanto possível prática compositiva que leva à criação de um resultado, de uma obra.

Parece-me importante o desenvolvimento de uma reflexão que aborde questões técnicas sobre o ator, a partir do aprofundamento do conceito de ação física. A busca de reconhecimento e sistematização do percurso que envolve tal conceito, de Stanislávski a Barba, representa uma tentativa de construção de um fio condutor que, sem anular as especificidades das referências abordadas neste trabalho, pode renovar o sentido da relação entre o ator e as técnicas examinadas, relação esta que muitas vezes se dá como mais um ato de consumo. Assim como nos estudos feitos sobre a dramaturgia escrita por palavras e sobre a arte da encenação, busca-se aqui ressaltar o "saber artesanal" necessário para a execução do trabalho do ator enquanto processo e ato de criação. É na reflexão sobre a composição na atuação do ator e no reconhecimento da ação física como fio condutor de sua prática que reside a especificidade deste trabalho. A ação física está acima das diferenças entre as poéticas teatrais.

Tal esforço faz-se ainda mais necessário, se pensarmos nesse momento e nesse contexto, o brasileiro, no qual se vive ainda uma situação de semiamadorismo, no que diz respeito às condições de produção teatral, e no qual a profissão do ator parece ser uma atividade acessível a todos, que não requer a posse de qualquer competência.

1. A Codificação dos Materiais

As três referências descritas a seguir, como dito na introdução, foram fatores desencadeadores de um novo olhar sobre o trabalho do ator. As contribuições feitas por tais referências a partir da elaboração de elementos, ou como veremos mais adiante, materiais, sedimentaram as bases que levaram a uma progressiva sistematização de conhecimentos sobre o trabalho do ator, os quais fundamentam a prática de seu ofício.

1.1. FRANÇOIS DELSARTE: DA REPRESENTAÇÃO À EXPRESSÃO

França, início do século XIX. Um teatro repleto de contradições, em que a vitalidade do período revolucionário, agora já transformada, coexistia com a Ópera e com as pequenas salas construídas nas residências dos economicamente mais favorecidos. No que diz respeito ao trabalho do ator, neste momento Talma[1] é a referência maior. A partir de sua experiência na Inglaterra e tendo como parâmetro artístico o ator Lekain, Talma buscou rever alguns códigos interpretativos vigentes na época. Contrário às cristalizações que buscavam o efeito correto sobre o público, coloca a sensibilidade como qualidade indispensável para o ator, revelando assim um inegável traço romântico.

1. François-Joseph Talma (1763-1826). Ator francês, autor de *Mémoires de J. F. Talma*, organizado por A. Dumas, Paris, Hippolyte Souverain éditeur, 1849-1850.

É neste contexto que se insere François Delsarte. Impregnado também de valores românticos, não somente aqueles ligados ao império do "sentir", mas também à necessidade, assim como em Hegel, de esquematizar o mundo, sua obra se caracteriza pela presença de valores de forte cunho religioso. Porém, apesar de sua visão religiosa, que será o motor de suas teorizações, Delsarte teve um papel fundamental na história das artes cênicas, não tanto como executor de obras, mas sobretudo como transformador da percepção e das categorias utilizadas para pensar e realizar o trabalho artístico.

A obra como expressão de processos interiores era um valor já em circulação em 1839[2], data em que Delsarte inicia a lecionar, transmitindo seus conhecimentos em seus famosos Cursos de Estética Aplicada. Porém, não é a presença deste valor que diferencia o trabalho de Delsarte, mas sim o fato de tê-lo aplicado ao corpo.

Após viver de trabalhos temporários em Paris, Delsarte interessa-se cada vez mais pela música, o que o leva a procurar o apoio do Conservatório de Paris, onde estudará canto e interpretação. A experiência no Conservatório acabou sendo importante, sobretudo pela via negativa: sua voz ficou comprometida a ponto de ser obrigado a abandonar o canto; e quanto à interpretação, achava-a estilizada e falsa. A partir de então, Delsarte sente a necessidade de descobrir como as pessoas realmente agem, movem-se e falam em todas as situações emocionais. Foram anos de observação minuciosa: nos parques observando as mães com os filhos, os casais, os amigos. Chegou a viajar para uma outra cidade em virtude de um acidente em uma mina de carvão para observar as atitudes dos amigos e parentes das vítimas durante as operações de resgate. Frequentou cursos de medicina para conhecer a anatomia humana. Dissecou cadáveres e observou doentes mentais nos manicômios[3]. Como resultado de todo esse material recolhido através de anotações e desenhos, Delsarte chegou à formulação de seu Sistème[4].

O sistema foi o modelo usado em seus Cursos de Estética Aplicada, os quais eram frequentados pelas autoridades e personalidades mais importantes da época, tais como cantores de ópera, atores, advogados, homens de estado, da igreja, pintores, escultores e compositores, dentre os quais Rossini, Rachel, Bizet e Delacroix. Seus princípios básicos têm efeito sobre todas as artes plásticas e gráficas, música instrumental e vocal, interpretação e oratória. Na figura citada, o quadro de seu sistema, reconhecemos uma unidade, que, segundo Delsarte, é representada tanto por Deus quanto pelo homem, o qual foi criado à imagem e semelhança

2. Bastaria utilizar como exemplo a obra de E. Delacroix.

3. A opção pela inserção de dados biográficos de Delsarte se fez necessária à medida que tais informações contribuem para a compreensão do percurso de construção de seu sistema.

4. Ver figura na página 9 deste trabalho. Tal figura foi extraída do texto escrito por Ted Shawn, *Every Little Movement*, New York, Dance Horizons, 1963, p. 1.

da Divindade. A parte superior da figura representa o invisível mundo das ideias, o macrocosmo; e a parte inferior, a vida física do homem, o microcosmo. Na figura estão traduzidas formalmente tanto a Lei de Correspondência quanto a Lei de Trindade. Entre as partes superior e inferior da figura, podemos ler "Homem – O Objeto de Arte". Pela Lei de Correspondência, que é representada pela divisão simétrica entre as partes superior e inferior, todas as qualidades espirituais invisíveis se tornam visíveis através do homem. Já a Lei de Trindade, formalizada na figura pelos triângulos que representam as três dimensões espirituais do homem, é para Delsarte o princípio regulador de todas as coisas, do homem em particular. O homem participa da tríplice natureza divina (a qual tem como modelo a Trindade Pai – Filho – Espírito Santo) por meio de três componentes (vida, alma e espírito), que por sua vez estão relacionadas à três estados (sensível, moral e intelectual):

Tríplice Natureza Divina

[Homem]

Três Componentes Constitutivos

	Vida	Alma	Espírito
Estados Interiores	Estado Sensível (sensações)	Estado Moral (sentimentos)	Estado Intelectual (pensamento)
Modalidade Expressiva Exterior	Voz	Gesto	Palavra

A partir deste quadro, Delsarte define o Gênero de cada expressão:

- A expressão de derivação Vital será Excêntrica – voltada para o exterior.
- A expressão de derivação Anímica será Normal – equilíbrio entre exterior e interior.
- A expressão de derivação Espiritual será Concêntrica – voltada para o interior.

E define também cada Espécie de expressão – que se refere ao tipo de influência exercida sobre a expressão a partir de um estado interior.

Do cruzamento dos três gêneros com as três espécies de expressão, Delsarte construiu uma tabela chamada Criterium Geral[5], formada

5. T. Shawn, *op. cit.*, p. 30.

por nove células, segundo a qual todos os movimentos ou modalidades expressivas são definíveis.

Tabela do *CRITERIUM GERAL*
(Gêneros e Espécies da Expressão)

EXCÊNTRICA Excêntrica	NORMAL Excêntrica	CONCÊNTRICA Excêntrica
EXCÊNTRICA Normal	NORMAL Normal	CONCÊNTRICA Normal
EXCÊNTRICA Concêntrica	NORMAL Concêntrica	CONCÊNTRICA Concêntrica

As palavras escritas em letra maiúscula, que dizem respeito aos gêneros, prevalecem sobre aquelas minúsculas, as quais representam as espécies. Poder-se-ia inserir por exemplo neste quadro nove atitudes diferenciadas da mão. A mesma operação pode ser feita com todas as partes do corpo. A *expressão* não será definida somente pelo gênero e espécie, mas também por outros quadros, os quais terão como parâmetro a *variedade* – divisão do quadro acima por três, que gera vinte e sete classificações; a *sub-variedade* – ulterior divisão por três gerando oitenta e uma classificações; o *tipo* – que dividindo-se ainda por três chegaria a duzentos e quarenta e três; e o *fenômeno* que desta forma chegaria a setecentos e vinte e nove células[6].

Tomemos como exemplo a cabeça. Delsarte, dando continuidade à Lei de Trindade, divide a cabeça em três partes: a parte de trás que se junta à coluna é a zona vital; a parte de cima, que inclui a parte superior da testa, é a zona mental; a face corresponde à zona emocional. A face por sua vez é também dividida em três zonas: a testa e os olhos são a zona mental; o nariz e a parte superior da face (acima da boca), a zona emocional-espiritual; e a boca, o maxilar e a parte inferior do rosto, a zona física. Os olhos também podem ser divididos em três partes: globo ocular, pálpebras e sobrancelhas. Poderíamos continuar a descrever estas tríplices divisões a partir de cada parte da face, mas o que interessa aqui é levantar alguns aspectos da teoria que serão úteis para o desenvolvimento do nosso discurso. Se considerarmos somente as três partes do olho descritas, chegaremos a quatrocentas e cinco combinações, tais como descritas em *Harmonic Gymnastics and*

6. A. Giraudet, *Mimique, physionomie et gestres: methode pratique de systeme de François Del Sarte*, Paris, 1892, p. 52.

Pantomimic Expression, texto editado por Marion Lowell, baseado em anotações de palestras de Steele Mackaye[7]. Como exemplo de aplicação do quadro Criterium Geral, vejamos as nove posições da cabeça:

Cabeça: nove posições[8]

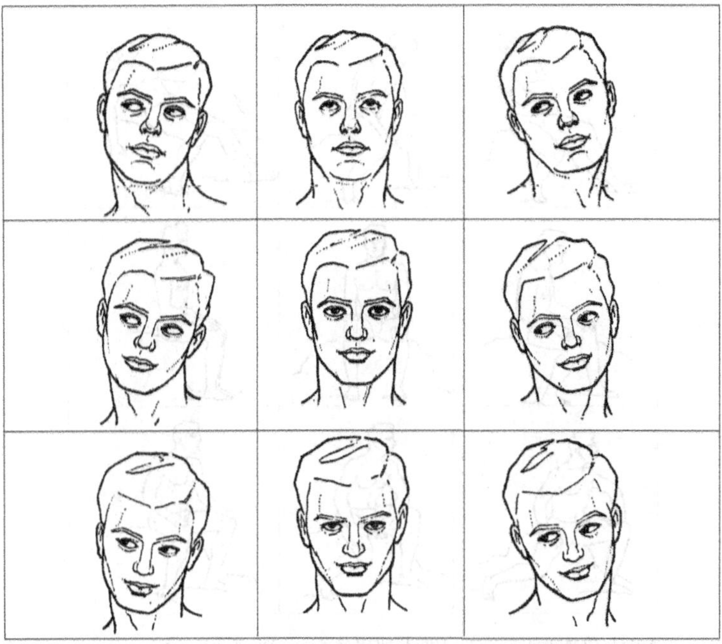

Atitude EX-ex Cabeça levantada e virada no sentido oposto em relação ao objeto ou pessoa. *Orgulho ou Afastamento*	Atitude NOR-ex Cabeça levantada e centralizada. *Exaltação Êxtase*	Atitude CON-ex Cabeça levantada e virada na direção do objeto ou pessoa. *Abandono ou Vulgar Familiaridade*
Atitude EX-nor Cabeça virada no sentido oposto em relação ao objeto ou pessoa. *Crítica contrária ou exame sensual*	Atitude NOR-nor Cabeça de fente para a pessoa ou objeto. *Estado normal*	Atitude CON-nor Cabeça virada na direção do objeto ou pessoa. *Crítica favorável ou ternura*
Atitude EX-con Cabeça abaixada na direção oposta em relação ao objeto ou pessoa. *Suspeita*	Atitude NOR-con Cabeça abaixada mas de frente para pessoa ou objeto. *Reflexão Meditação*	Atitude CON-con Cabeça abaixada na direção do objeto ou pessoa. *Veneração ou ternura maternal*

7. Steele Mackaye (1842-1894), ator e diretor americano. Estudou com Delsarte em 1869 em Paris.
8. T. Shawn, *op. cit.*, p. 37.

Em estudos feitos por discípulos e alunos de Delsarte encontrar-se-ão aplicações do Criterium relacionando diferentes partes do corpo, como no caso abaixo, os braços e as pernas (Alfred Giraudet, *op. cit.*, p. 105).

Braços e pernas

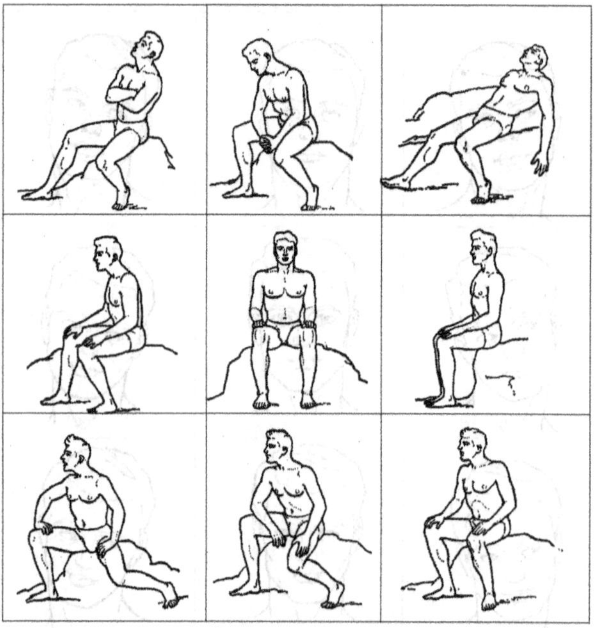

Atitude CON-con. *Desafio*	Atitude NOR-con. *Reflexão*	Atitude EX-con. *Prostração*
Atitude CON-nor. *Indecisão*	Atitude NOR-nor. *Bem-estar*	Atitude EX-nor. *Humildade*
Atitude CON-ex. *Veemência* *Atento mas discordante*	Atitude NOR-ex. *Expansão* *Interesse ardente*	Atitude EX-ex. *Sem cor* *Transitório*

Até agora descrevemos com mais pormenores as implicações da Lei da Trindade representada pelo quadro Tríplice Natureza Divina[9], que leva, por sua vez, à definição dos gêneros e das espécies de expressão. Não se deve porém, esquecer do papel fundamental da Lei de Correspondência, pois, além de ser um produto da Lei de Trindade, é ela que permite a construção do sistema enquanto inter-relação de seus elementos.

> A cada função espiritual, corresponde uma função do corpo;
> a cada grande função do corpo, corresponde um ato espiritual[10].

9. Ver p. 3 deste trabalho.
10. T. Shawn, *op. cit.*, p. 31.

Esta é a definição dada por Delsarte para a Lei de Correspondência. Nesse sentido, ela atua o tempo todo com a Lei de Trindade, e é a partir desta relação que Delsarte construiu parâmetros concretos de aplicação de seus princípios no corpo humano, chegando assim à tabela do Critério Geral. Esses parâmetros estão descritos no quadro abaixo[11]:

Lei de Trindade Lei de Correspondência

• *As Três Regiões do Corpo* – Doutrina dos órgãos especiais – Reinos do Espaço

Cabeça – divisões da cabeça – Face – divisões da face – olhos
Tronco – divisões do tronco
Membros – pernas e pés – braços (articulações).

• *As Grandes ordens de Movimento*

Oposições
Paralelismos
Sucessões (ou inversões) – Inclinações – Quedas.

• *As Nove leis do Movimento (ou deslocamento)*[12]

Altura
Força
Movimento (Excêntrico/Expansão – Normal – Concêntrico/Contração)
Sequência
Direção
Forma
Velocidade (Pêndulo)
Reação – Recuo (tensão – relaxamento)
Extensão
Balanço – Presença – Equilíbrio (Estático – Dinâmico – Cinético)[13].

11. *Idem*, p. 27.

12. Não é claro porque o autor utiliza *Movement* e *Motion*, em vez de um só termo. A única possibilidade é interpretar *Motion* como movimento pois se se traduz o termo por *sinal* ou *sugestão*, o quadro perde o sentido.

13. Optei por diferenciar o significado dos termos originais *Balance, Poise* e *Equilibrium*, pois os três poderiam ser traduzidos como *equilíbrio*, o que tornaria o item redundante e obscuro.

As três regiões do corpo, assim como as ordens e as leis de movimento, atuam umas sobre as outras formando assim uma unidade complexa. Mas esta é somente uma das partes de sua teoria. De fato, para Delsarte, cada modalidade expressiva exterior está relacionada com um estado interior, tal como descrito no quadro Tríplice Natureza Divina[14]. E é a partir desta relação que a expressividade se dá.

Ao vértice das linguagens expressivas para Delsarte está o *gesto*. Agente diretamente ligado à alma, aos sentimentos e às faculdades morais do homem[15], o gesto pode atuar sem o auxílio da palavra e da voz, as quais adquirem uma definição a partir dele. Delsarte estuda o gesto seguindo três linhas de pesquisa[16]:

- Estática: leis que regulam o equilíbrio do corpo;
- Dinâmica: leis dos movimentos que estão conectados aos relativos impulsos interiores;
- Semeiótica: leis que regulam a forma do movimento ao seu significado.

Cada gesto torna-se assim analisável seja nas suas relações de equilíbrio, nas modalidades dinâmicas do ritmo, inflexão, harmonia, como também nas suas qualidades sígnicas, transformando-o, assim, em um elemento do código de linguagem.

Se lermos com atenção os escritos de Talma ou mesmo os anteriores relacionados à prática do ator, tais como o *Paradoxo sobre o Comediante*, de D. Diderot (1773), podemos reconhecer neles uma "consciência semiótica", ou seja, o corpo é percebido enquanto signo, que pode veicular diferentes conteúdos de ordem psicológica ou social. Mas o que diferencia o trabalho de Delsarte é o nível de detalhamento e rigor com o qual analisa cada parte do corpo; a terminologia técnica criada para diferenciar os elementos e modalidades de expressão; e, sobretudo, a utilização do conceito de *expressividade*, neste caso relacionado especificamente ao corpo, considerado como representação da conexão entre o homem e o divino.

Como sabemos, a conexão entre a arte e religiosidade já havia sido retomada pelo romantismo alemão. Nesse sentido, poderíamos citar inúmeros exemplos, tais como: *Princípios Gerais da Arte Pictórica*, de 1803; ou *As Artes Figurativas e a Natureza*[17]. Contudo, assim como tais escritos privilegiam a pintura, outros irão colocar a música ou a poesia ao centro de suas reflexões. Nesse ponto Delsarte intervém de maneira transformadora, a partir do deslocamento de foco das outras artes para o homem, com seus movimentos, seus gestos e sua voz. Em

14. Ver página 3.
15. *Idem, ibidem.*
16. A. Giraudet, *op. cit.*, p. 32.
17. F. Von Schlegel, *Princípios Gerais da Arte Pictórica*, 1803; F. Schelling, *As Artes Figurativas e a Natureza*, 1807.

sua obra *Ciência da Expressão Humana* estabelece como critério de verdade uma conexão necessária: não há verdade na expressão, se a uma modalidade expressiva exterior não corresponder um respectivo impulso interior.

O Sistema de François Delsarte

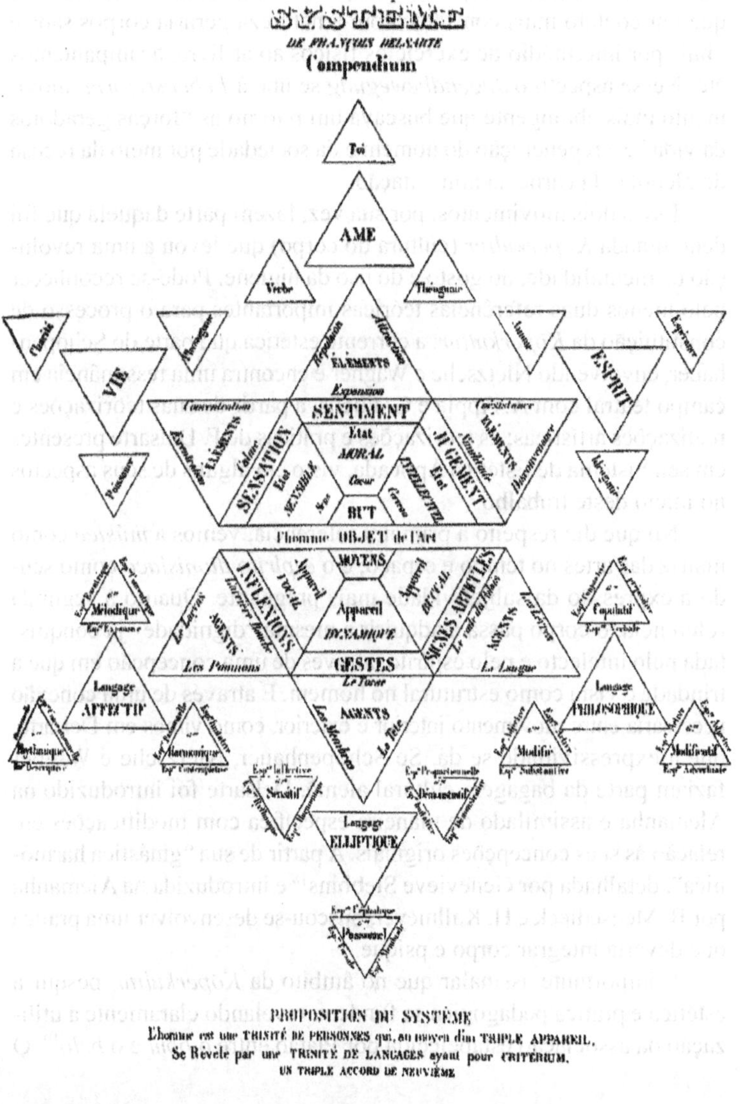

1.2. E. JAQUES-DALCROZE: A CENTRALIDADE DO *RITMO*

A partir do século XIX, vemos nos países de cultura alemã um movimento complexo no qual podemos reconhecer como eixo a "redescoberta do corpo". Contribuiu nesse sentido de maneira determinante o *Jugendbewegung*, movimento juvenil alemão formado por estudantes, os quais, cansados dos problemas característicos da vida na cidade, buscaram recuperar a relação com a natureza. Acreditava-se que um contato mais constante com a natureza geraria corpos sãos e vitais por intermédio de exercícios físicos ao ar livre, acampamentos etc. Nesse aspecto o *Jugendbewegung* se une à *Lebensreform*, movimento mais abrangente que buscava um retorno às "forças geradoras da vida" e a regeneração do homem e da sociedade por meio da recusa do álcool e da carne na alimentação.

Esses dois movimentos, por sua vez, fazem parte daquela que foi denominada *Köperkultur* (cultura do corpo) que levou a uma revolução da mentalidade, do gosto e do uso da higiene. Pode-se reconhecer pelo menos duas referências teóricas importantes para o processo de constituição da *Köperkultur*: a corrente estética que parte de Schopenhauer, envolvendo Nietzsche e Wagner e encontra uma ressonância em campo teatral com A. Appia e G. Fuchs, a partir de suas teorizações e realizações artísticas; as teorizações e práticas de F. Delsarte presentes em seu Sistema de Estética Aplicada, visto em alguns de seus aspectos no início deste trabalho.

No que diz respeito à primeira referência, vemos a *música* como matriz das artes no tempo e espaço; e o *espírito dionisíaco* como sendo a expressão da subjetividade mais pregnante. Quanto à segunda referência, o corpo passa a adquirir a mesma "dignidade" já conquistada pelo intelecto e pelo espírito, através de uma concepção em que a trindade é vista como estrutural no homem. É através de uma conexão necessária entre movimento interior e exterior, como vimos em Delsarte, que a expressividade se dá. Se Schopenhauer, Nietzsche e Wagner faziam parte da bagagem cultural alemã, Delsarte foi introduzido na Alemanha e assimilado de maneira específica com modificações em relação às suas concepções originais. A partir de sua "ginástica harmônica", detalhada por Genevieve Stebbins[18] e introduzida na Alemanha por B. Mensedieck e H. Kallmeyer, buscou-se desenvolver uma prática que deveria integrar corpo e psique.

É importante assinalar que no âmbito da *Köperkultur*, pesquisa estética e prática pedagógica se fundem, revelando claramente a utilização da associação estabelecida por Platão entre o *bom* e o *belo*[19]. O

18. G. Stebbins, *Delsarte Sistem of Expression*, New York, Werner, 1885.
19. Platão, "O Banquete", *Os Pensadores*, São Paulo, Editora Abril, 1974.

corpo belo e sadio, assim, passa a ser a representação de uma superioridade não somente estética como também moral.

Estes são alguns dos parâmetros necessários para podermos situar o trabalho de Èmile Jacques-Dalcroze (1865-1950). Suíço, nascido em Viena, foi aluno de Bruckner e R. Fuchs e desde 1892 lecionou no Conservatório de Genebra. Em 1898, ele ainda não havia encontrado uma tradução prática para suas necessidades e pensamentos, os quais continham muitos elementos provenientes do trabalho de Delsarte, com o qual teve contato em Paris.

Em função de algumas dificuldades encontradas no trabalho pedagógico com os alunos do Conservatório, sobretudo no que diz respeito à compreensão do ritmo, Dalcroze começa a elaborar estratégias as quais envolvem progressivamente o corpo do aluno. O trabalho teve início com exercícios rítmicos de solfejo utilizando os braços e as pernas. O objetivo inicial era desenvolver aquilo que chamaria mais tarde de "ouvido interior": o corpo como conector entre os sons e o pensamento.

> Eis-me a sonhar com uma educação musical na qual o corpo seria o intermediário entre os sons e o nosso pensamento, tornando-se assim o instrumento dos nossos sentimentos[20].

Se por um lado ele descobre o corpo como possível instrumento de conexão entre os sons e o pensamento, a partir da relação dual entre música e solfejo, Dalcroze reconhece, por outro lado, a importância do ritmo, o qual se transformará no eixo, seja de sua prática, seja de suas teorizações. Com o desenvolvimento do trabalho, ele percebe que a assimilação do ritmo é um produto da compreensão do sentido rítmico. É neste momento que Dalcroze constrói a hipótese do "sentido muscular".

> A consciência do ritmo é a faculdade de representarem-se cada sucessão e cada reunião de frações de tempo em todos os seus matizes de rapidez e energia. Tal consciência se forma mediante repetidos exercícios de contração e descontração muscular em qualquer grau de energia e rapidez[21].

A construção do "sentido muscular", chamado por Dalcroze de *sexto sentido*, é consequência por sua vez, das relações entre a dinâmica dos movimentos e a situação do corpo no espaço. Neste momento o pesquisador suíço estabelece as regras correspondentes às relações entre os pontos iniciais e finais dos movimentos, envolvendo todos os matizes de duração e de energia, em todas as dimensões do espaço[22].

20. E. Jacques-Dalcroze, *Ritmo-Musica-Educazione*, Milano, Hoepli, 1925, p. 8.

21. *Idem*, p. 45.

22. Podemos reconhecer também uma busca constante em Dalcroze no sentido de associar através de uma relação causal, o corpo com o universo espiritual. As *emoções*

Além disso, afirma que esse sentido muscular não deve ser percebido somente pelos sentidos. Segundo ele, o intelecto também deve estar envolvido nesse processo, pois é por meio dele que se chegará à *consciência rítmica*.

A consciência do ritmo é também a faculdade de captar as relações entre os movimentos físicos e os intelectuais, e de sentir as modificações que imprimem nesses movimentos os impulsos da emoção e do pensamento. Ela pede o emprego de todos os músculos conscientes. Portanto, para criar o sentimento rítmico, a educação deve colocar em movimento o corpo inteiro[23].

Por fim, para que essa consciência rítmica se instaure, é necessário que se construa uma *representação do ritmo*.

Deve-se então ser penetrado pela representação do ritmo, refletindo a sua imagem com todos os músculos do corpo[24].

Portanto, para Dalcroze a assimilação do ritmo requer um percurso preciso:

Movimento rítmico→Sentido rítmico (muscular)→
Representação rítmica→Consciência rítmica

Partindo da execução do *movimento rítmico*, se chegará à percepção do *sentido rítmico* (ou *sentido muscular*). Tal percepção desencadeará a construção da representação rítmica, que por sua vez, levará à consciência rítmica.

A partir destes pressupostos, Dalcroze elabora procedimentos cada vez mais complexos, os quais buscam codificar plasticamente o corpo, com o objetivo de transformá-lo em um canal de expressão visual da própria música, para ele, a arte maior. Nesse sentido, constrói exercícios de difícil execução, como os de *polirritmia*: execução simultânea de diferentes ritmos em diferentes partes do corpo; ou os de *polidinâmica:* execução simultânea de movimentos com diferentes gradações de tensão.

Como dissemos acima a respeito da *Köperkultur*, também para Dalcroze há um elo inseparável entre arte e pedagogia. De fato, para o criador da Rítmica, seu trabalho não tem somente a função de criar "belos" corpos, mas sim de desenvolver a sensibilidade a seu ver sufo-

purificadoras são o produto desta associação. *Idem*, p. 46: "Esse sexto sentido harmoniza os múltiplos matizes de força e velocidade dos movimentos corporais que estão relacionados com as emoções inspiradoras desses movimentos. Tal sentido, portanto, assegura assim ao organismo humano, como um todo, a possibilidade de purificar as suas emoções".

23. *Idem*, pp. 48-49.
24. *Idem*, p. 52.

cada pelo intelecto. Esta seria a causa da arritmia presente em alguns de seus alunos. Um corpo treinado a partir de sua ginástica, a Eurítmica, chegaria a uma harmonia não somente muscular, mas também de seu sistema nervoso. Liberado de seus automatismos, o homem poderia chegar a expressar sua "música pessoal"[25].

1.3. OS TEATROS ORIENTAIS[26]: ÉTICA E PERCEPÇÃO[27]

Quanto ao espetáculo cênico, decerto que é o mais emocionante, mas também é o menos artístico e menos próprio da poesia. Na verdade, mesmo sem representação e sem atores, pode a tragédia manifestar seus efeitos...

ARISTÓTELES[28]

Uma vez que a dança da mulher deriva de um estilo particularmente exaltado, nela se manifesta a substância do encanto sutil.

ZEAMI[29]

Como sabemos, a história do teatro no Ocidente, sobretudo a "oficial", foi pontuada por tentativas de normatização as quais tiveram como referência a *Poética* de Aristóteles. Bastaria citar Castelvetro ou Boileau. Tal fato gerou muitas implicações, mas talvez a mais importante seja a de pensar o fenômeno teatral a partir dos elementos constitutivos do texto dramático, deixando de lado todos os aspectos performáticos, ou seja, aqueles relativos ao espetáculo[30]. De fato, se tomarmos em exame os livros de história do teatro

25. O ritmo é reconhecido como elemento fundamental da atuação do ator também nas culturas teatrais orientais, tais como o Jo-Ha-Kyu de Zeami, no Japão.

26. Examinarei aqui sobretudo questões ligadas ao ator nô e kabuki. No entanto, optamos por manter no título deste parágrafo "Teatros Orientais" em função da grande semelhança existente entre as questões aqui tratadas e aquelas presentes nas outras formas de teatro no Oriente. A reflexão surgida a partir de questões como a "ética", poderia ser aplicada a muitas outras formas teatrais orientais, tais como Ópera de Pequim, Kathakali ou o Teatro-Dança Balinês.

27. Como diz Grotóvsky, a separação conceitual entre Oriente e Ocidente torna-se frágil se levarmos em consideração seja os intercâmbios culturais existentes entre leste e oeste desde a antiguidade, seja a não inclusão, a partir de tal polarização, por exemplo do Oriente Médio ou da África. Contudo, por motivos internos ao discurso manteremos tal polarização relacionando o termo Oriente aos países asiáticos e à Índia.

28. Aristóteles, "Poética", em *Os Pensadores*, São Paulo, Editora Abril, 1973, p. 449.

29. Z. Motokyo, *Il Segreto del Teatro No*, Milano, Adelphi, 1966, p. 47.

30. Mesmo sabendo que a referência estética de Aristóteles é aquela da "forma perfeita" que necessita de uma fixação espaço-temporal, o que faz com que o espetáculo seja considerado um epifenômeno, isso não muda o quadro das coisas.

o que veremos na grande maioria dos casos são histórias dos textos dramáticos permeados por um histórico das ideias de frágil sustentação teórica[31]. Neles, o trabalho do ator e os processos de atuação, o espaço, os materiais sonoros envolvidos, bem como os diferentes conceitos de personagem não são examinados. Tal situação não se reproduz nos países asiáticos. Nesse sentido, podemos citar como exemplo o *Kandensho* japonês ou o *Natya-Sastra* indiano. Por razões de economia do discurso, examinaremos somente alguns aspectos presentes no *kandensho*.

O *Kandensho* (*O Livro da Transmissão da Flor*), uma descrição sobre as técnicas de interpretação, é a transcrição feita por Zeami dos ensinamentos de seu pai, Kanami. Ambos, atores e fundadores do Teatro Clássico Japonês Nô, descrevem os nove degraus necessários para a obtenção da *flor*, nível máximo de aperfeiçoamento para o ator.

> Se o aluno quer alcançar o nível de um grande mestre, deve satisfazer três condições. Primeiro, deve haver uma boa disposição e um talento adequado; segundo, deve ser movido pelo amor por esta arte e por uma forte determinação a dedicar-se totalmente a ela; terceiro, precisa de um mestre que seja capaz de transmitir-lhe os elementos essenciais da arte. Se essas três condições não estão presentes, o aluno não alcançará o sucesso, isto é, não alcançará o nível de um grande e hábil mestre[32].

Nos escritos ou "poéticas" presentes no Oriente, além de vermos os aspectos performáticos serem examinados, ao invés do texto escrito, tal como *kokoro* (coração) e *yugen* (elegância profunda), no trecho descrito acima podemos reconhecer a presença não menos importante de um outro aspecto, presente na formação e no trabalho do ator: o ético.

Um primeiro dado que poderíamos extrair desse trecho está relacionado à transmissão de princípios éticos já no processo de formação do ator nô, processo este que tem início aos sete anos e vai até os cinquenta, média de idade de um japonês da época (século XV). O ator deve dedicar-se integralmente à sua arte, e estar disponível para aperfeiçoar-se a vida inteira. É frequente, entre os estudiosos ocidentais, a justificação de tal atitude em função do caráter religioso que permeia as práticas teatrais orientais. De fato, muitos são os valores budistas e xintoístas presentes na prática teatral do Nô, nesse caso. Porém, cumpre também observar que a dedicação indicada por Zeami encontra uma razão de ser prática e objetiva: o refinamento e a complexidade da linguagem do Nô (assim como da grande maioria das formas teatrais orientais) exigem por si só um longo tempo para que

31. Uma exceção importante é a coleção Teatro e Spettacolo da Editora Laterza, Bari. Nessa obra, composta, até 1988, de nove volumes, através de uma pesquisa interdisciplinar, busca-se reconstituir os fenômenos cênicos tratados.

32. Z. Zenchiku, *Iwanami Shoten*, Tokyo, 1974; tradução para o italiano de Antonella Chini.

os códigos sejam assimilados. E aqui nos deparamos com uma outra questão, que é aquela relativa ao percurso pedagógico dessa forma teatral. Não existe uma divisão temporal entre formação e exercício da profissão. A linguagem é estruturada através de personagens que encontram uma correspondência com os diferentes níveis de conhecimento do ator em relação à própria arte. E tal percurso está previsto para durar a vida inteira do ator. Ou seja, a necessidade da dedicação integral não é somente a expressão de uma atitude de fundo religioso, mas ainda uma necessidade objetiva para que possa dar vida a uma linguagem extremamente complexa e detalhada, que requer um nível de conhecimento técnico e expressivo incomparável em relação ao Ocidente[33]. Não quero com isso estabelecer um juízo de valor ou uma hierarquia em relação às formas teatrais, mas somente constatar um fato concreto: as formas teatrais orientais, em função de sua própria natureza, precisamente codificada, materializam um nível de elaboração que revela um altíssimo conhecimento do funcionamento do fenômeno teatral e da arte do ator. E é nesse ponto que podemos voltar a Aristóteles.

Não seria pertinente dizer, ao menos em relação ao teatro "oficial" ou culto[34], que enquanto o Ocidente, por meio de Aristóteles, Castelvetro, Boileau, ateve-se (pelo menos até a emergência do *diretor*) aos elementos constitutivos do texto teatral, o Oriente se ateve ao fenômeno, ou seja, aos seus aspectos performáticos? E se tal afirmação é verdadeira, ela não teria uma correspondência direta com o fato de, no Oriente, as formas teatrais serem criadas e codificadas por atores? Como sabemos, os atores não somente foram os elaboradores das técnicas de interpretação, mas também foram, na maioria dos casos, os autores dos textos dramáticos. Nesse sentido, a atitude ética descrita por Zeami não teria, como dito acima, somente uma relação com a religiosidade nela presente, mas também com as necessidades relacionadas à própria arte.

Outro aspecto importante, ligado à esfera ética e presente no texto citado de Zeami, refere-se aos objetivos ligados à escolha e à expectativa em relação à própria profissão, nesse caso, a de ator. O objetivo do aluno-ator é o de se tornar um mestre e de alcançar o sucesso. Porém, como o mesmo trecho diz, o êxito nesse caso só

33. Tal reconhecimento não é somente pessoal. Ele conta com um respaldo histórico importante, como sabemos. Desde Meierhold, Eisenstein, Craig, Brecht, Artaud, Düllin, Copeau, Claudel, até Grotóvski, Barba, Bob Wilson, Mnouchkine, Brook e Serban; todos reconheceram o enorme valor artístico presente nas formas teatrais orientais, das quais extraíram princípios e estímulos para as próprias criações.

34. A especificação "teatro oficial ou culto" é necessária, pois, como sabemos, muitos são os documentos relativos às formas teatrais "não cultas", tais como a *Commedia dell'arte*, em que estão presentes reflexões sobre diferentes aspectos performáticos, tais como a atuação do ator e a utilização do espaço.

é possível à medida que o aluno possui os "elementos essenciais da sua arte". Há portanto uma conexão necessária entre *sucesso* e *conhecimento da própria arte*, situação bem diversa em relação ao Ocidente, onde muitas vezes o sucesso é produto de "elaboradas" operações extra-artísticas.

Resumindo, o aspecto ético, aqui, torna-se objeto de reflexão à medida que assume um papel fundamental no processo de trabalho do ator, enquanto construtor das percepções adequadas a cada processo artístico. A maioria dos homens mais significativos do teatro no século XX, como já dito, reconheceram a importância desse aspecto para o desenvolvimento de seus trabalhos: Stanislávski (*Ética; Minha Vida na Arte*); B. Brecht (*Scritti Teatrali*); Grotóvski (*Por um Teatro Pobre; Il Teatro delle sorgenti; L'Arte come Veicolo*); Peter Brook (*O Teatro e o seu Espaço; O Ponto de Mudança; A Porta Aberta*). Além disso, a definição do conceito de *material*, que será feita a seguir, contribuirá para o entendimento da inserção de tal aspecto nessa parte do trabalho.

1.4. O CONCEITO DE *MATERIAL* E SUA CLASSIFICAÇÃO

A escolha e a consequente inserção das três referências examinadas neste primeiro capítulo, ou seja, Delsarte, Dalcroze e os teatros orientais, como já dito, não são casuais. Se por um lado esta investigação se propõe a tratar de questões ligadas ao trabalho do ator, por outro as coloca dentro do ponto de vista do "ato de compor". As implicações resultantes de tal ponto de vista serão vistas no decorrer do discurso. No entanto, parece-me importante esclarecer, ao menos parcialmente, algumas dessas implicações.

O resgate das "origens": essa foi a necessidade que norteou a formulação deste capítulo. Origens porque as referências tratadas representam matrizes geradoras do ato de compor no trabalho do ator. Mesmo sabendo que refletiremos sobre o ator-compositor somente na terceira parte deste trabalho, podemos antecipar alguns aspectos que justificam tais escolhas.

Retomemos, então, as definições aceitas coletivamente ligadas ao termo "compor":

> *1.* Formar ou construir diferentes partes, ou de várias coisas. *2.* Entrar na composição de, fazer parte de. *3.* Produzir, inventar (escrevendo, pintando, esculpindo etc). *4.* Colocar ou dispor com certa ordem ou arranjo. *5.* Harmonizar. *6.* Pôr em ordem: arrumar, ajeitar, endireitar[35].

35. *Novo Dicionário Aurélio*, Rio de Janeiro, Nova Fronteira, 1988, p. 164.

Observando os itens presentes na definição do termo "compor" podemos reconhecer um denominador comum a todos eles: é o ato de "pôr com". Definido tal significado comum, imediatamente vem à tona a pergunta: mas pôr o quê, com o quê?

Como sabemos, o trabalho do ator envolve muitos elementos: ele se move, fala, ouve, constrói imagens interiores e exteriores, reage de maneiras diferentes a partir de diferentes estímulos, utiliza objetos, adereços etc. Elementos, portanto, de diferentes naturezas. Dessa forma, para responder a pergunta em questão, devemos encontrar um conceito que possa abarcar elementos, como vimos, de diferentes naturezas. Foi a partir desse percurso de reflexão e da leitura de Aristóteles, que cheguei ao conceito de *material*.

Como sabemos, esse termo foi usado por vários diretores teatrais, tais como Meierhold, Brecht, Barba e Kantor. Porém, a sua utilização foi feita sempre de modo particular, constituindo nesse sentido idioletos e não teorias. Tal é a razão que me levou a buscar uma definição que seja adequada a este trabalho. Nesse sentido, partimos do conceito aristotélico de *matéria*, ou seja, *matéria enquanto potência operativa e ativa*:

> Uma casa existe potencialmente se não existe coisa alguma em seu material que lhe impeça de tornar-se uma casa e se não há nada mais que deva ser acrescentado, retirado ou mudado [...] E as coisas que têm em si próprias o sentido de sua gênese existirão de per si quando nada de externo o *impeça*[36].

A partir desse exemplo, podemos fazer algumas inferências. Se uma casa pode existir potencialmente somente se não há alguma coisa em seu material que lhe impeça de tornar-se tal, podemos dizer então que não pode haver nenhum material que não seja funcional à construção da identidade dessa casa enquanto "casa". Ou seja, o que causa a transformação da *matéria* em *material* é justamente a aquisição, por parte da matéria, de uma função que contribui para a construção da identidade do objeto do qual é parte constitutiva. Portanto, por *material* pode-se entender *qualquer elemento que adquire uma função no processo de construção da identidade do próprio objeto.*

Uma vez definido o conceito de *material*, examinarei agora alguns aspectos que determinaram a escolha das três referências presentes nesta parte do trabalho.

Delsarte, a partir da construção de seu sistema, cujo valor vai muito além de suas implicações religiosas, constrói, como já foi dito, um elo fundamental entre *gesto* e *impulso interior*, entre *processo interior* e *expressão*, sendo o corpo o canal de tais relações. Tal relação implica numa ruptura em relação à realidade teatral da época, em que

36. Aristóteles, "Metafísica", IX, *Os Pensadores*, 7, São Paulo, Editora Abril, 1982, p. 82.

os elementos eram utilizados de forma exterior, o que levava a uma cristalização ou perda de vitalidade dos códigos utilizados. Por meio da análise das possibilidades expressivas de cada parte do corpo, Delsarte passa a vê-las e a utilizá-las como *materiais*, pois, seguindo a definição feita acima, as partes do corpo adquirem a função de contribuírem para a construção da identidade de cada expressão. Além disso, por intermédio de suas "leis", Delsarte identifica uma série de princípios que por sua vez resultarão em procedimentos artísticos, os quais serão fundamentais num primeiro momento para o surgimento da *Modern Dance*, e posteriormente para o teatro a partir da década de sessenta. Nesse sentido, como observa Eugenia Casini-Ropa (*La Danza e L'Agit-Prop*, Bologna, Il Mulino, 1991), Delsarte é o desencadeador histórico da transição entre o Teatro de Representação e o Teatro de Expressão. Essa transição, fundamental se pensarmos no trabalho criativo do ator, antecipa historicamente as outras sistematizações no campo da interpretação (Stanislávski, Meierhold...) justificando portanto sua inserção nesta parte do trabalho.

Jacques-Dalcroze, a partir dos estímulos recebidos pelo trabalho de Delsarte, dá uma contribuição fundamental nesse processo de construção dos parâmetros, ou como escrito no título, na escolha dos materiais que serão fundamentais para a prática do ator. Como dito anteriormente, Dalcroze constrói um percurso pedagógico que faz com que o aluno absorva e entenda a música a partir de seu corpo. Tal percurso levou à construção de um corpo que traduz a música no espaço. Porém, a contribuição que levou à inclusão de seu nome aqui foi o reconhecimento da centralidade de um elemento fundamental, que estará presente em muitas das reflexões sobre o trabalho do ator no século XX – o *ritmo*. Stanislávski, Meierhold, Brecht, Grotóvski, Peter Brook... todos reconhecerão a importância desse "material", seja no trabalho do ator, seja na construção da obra teatral. O *ritmo*, em Dalcroze, passa a ser visto e utilizado como *material* à medida que se torna o elemento principal do processo de construção da identidade de cada momento expressivo do corpo.

Os teatros orientais.

Qualquer pessoa ligada ao teatro e que tenha um conhecimento histórico mínimo, terá ideia da importância que os teatros orientais têm, ainda hoje, no processo de produção e re-invenção do teatro no Ocidente. Poderíamos nomear novamente: os teatros clássicos japoneses, em Meierhold, Eisenstein, Claudel até Bob Wilson; o Teatro de Bali em Artaud; o teatro chinês, em Brecht; os teatros clássicos japoneses e indianos em Gordon Craig, Grotóvski e Mnouchkine... Tais formas teatrais exerceram uma enorme influência sobre esses e outros criadores. Examinamos aqui o aspecto ético. Tal aspecto torna-se um *material* à medida que, como se verá durante o século XX com Stanislávski, Copeau, Brecht, Grotóvski, Peter Brook..., ele contribui de maneira determinante para construção dos processos perceptivos necessários à concretização do que se está investigando em cada processo artístico, e que, por sua vez, constituirá a identidade da obra. Os criadores acima citados, utilizando-se do aspecto ético enquanto *material*, mostraram-nos que as verdadeiras descobertas artísticas devem necessariamente gerar uma transformação perceptiva nos artistas envolvidos, para, a partir dela, transformar perceptivamente também o público.

Essas três escolhas, ou podemos dizer matrizes, responsáveis pela concepção e utilização dos *materiais* enquanto tais, ao mesmo tempo os codificaram[37]. Nos três casos em questão, vemos o estabelecimento de uma conexão entre os respectivos materiais e os planos do conteúdo e da expressão. Delsarte, para cada posição das partes do corpo, determina um significado. Dalcroze, estabelecendo a relação entre corpo e música através do ritmo, associa-o à expressão do corpo e aos conteúdos da música. Nos teatros orientais, a atitude específica do ator em relação ao próprio trabalho materializa a conexão entre o aspecto ético e a qualidade expressiva de sua criação artística. Tal conexão se dá nos dois planos citados, o do conteúdo e o da expressão.

Dessa forma, vemos nos três casos examinados elementos sendo utilizados como *materiais*, ou seja, como fundamentais para a construção da identidade do objeto expressivo do qual fazem parte. Além disso, vimos como tais utilizações envolvem os dois planos constitutivos do código. Torna-se pertinente, portanto, denominar os casos descritos como representativos de um processo de *codificação dos materiais*.

• *Classificação dos materiais*

Os materiais, existentes enquanto tais, presentes na práticas teatrais tratadas nesta parte do trabalho, como vimos são: o *corpo*[38], considerado como canal de expressão, ou seja, enquanto conector entre processo interior e manifestação exterior; o *ritmo*, visto como elemento fundamental para a construção da identidade da expressão; o *aspecto ético*, gerador de uma atitude que constrói a percepção necessária para o desenvolvimento de cada processo criativo.

O conceito de *material* tal como definido anteriormente, torna-se eficaz à medida que abarca elementos de diferentes naturezas, elementos estes utilizados nos processos de trabalho do ator. Tais materiais,

37. "[...] um código deve possuir, ou ser composto, para ser tal, de dois sistemas: um presente, reconhecido como o 'plano da expressão'; e o outro, ausente, reconhecido como 'plano do conteúdo'". M. De Marinis, *Semiotica del Teatro*, Milano, Bompiani, 1982, p. 113.

38. Entendemos por *corpo*, adotando como matriz neste caso a fenomenologia de Merleau-Ponty, todos os atributos materiais ligados ao ser humano. Portanto, não somente a cabeça, tronco e membros, como também a palavra cantada e falada e a sua sonoridade.

porém, em função de suas diferentes naturezas, exigem uma ulterior diferenciação: o *corpo*, entendido como unidade psicofísica, pode ser definido como *material primário*, pois é nele que os materiais secundários e terciários estão contidos, e será sobre ele que tais materiais atuarão; a *ação física* será o *material secundário*, pois além de conter os *materiais terciários*, ela é, como veremos, o elemento estruturante dos procedimentos expressivos do *corpo*; o *ritmo* e o *aspecto ético* são aqui classificados entre os *materiais terciários*, pois são procedimentos e/ou elementos constitutivos da *ação física*, atuando em seus processos de preenchimento e justificação[39].

Tendo já examinado o *corpo* a partir das teorizações de Delsarte, aqui classificado como *material primário*, passemos à análise dos outros materiais a partir daquele considerado neste trabalho como sendo o *material secundário*, ou seja, a *ação física*.

39. O *ritmo* e o *aspecto ético* foram aqui classificados como *materiais terciários*. No entanto, eles não são os únicos componentes da *ação física*, obviamente. Outros materiais *terciários* serão tratados na segunda parte desta pesquisa.

2. A Ação Física como Elemento Estruturante do Fenômeno Teatral

2.1. *AÇÕES FÍSICAS*: BREVE HISTÓRICO E ANÁLISE DO CONCEITO

Categoria contrária àquela da paixão, a *ação* para Aristóteles é a que pressupõe o Ser, a sua existência. De maneira semelhante, para Leibniz e Spinosa a ação é a essência de uma substância. Poder-se-ia, nesse sentido, percorrer a História da Filosofia buscando demarcar as diferenças e especificidades que o conceito de *ação* adquire em cada caso. Contudo, tal escolha levaria-nos-ia a questões e meandros que constituiriam, por si só, o objeto de uma pesquisa. Optei portanto, por partir do conceito de *ação física*, tendo como referência primeira os escritos do ator, diretor e teórico russo Constantin Stanislávski. Após a descrição de alguns momentos do percurso artístico de Stanislávski, que o levaram ao Método das Ações Físicas, tratarei das posteriores contribuições feitas para o desenvolvimento do conceito de *ação física*. Tal conceito será por fim revisto, a partir das análises feitas no item 2.2.

2.1.1. *C. Stanislávski: Da Linha das Forças Motivas ao Método das Ações Físicas*

Como sabemos, o conceito de *ação física* foi primeiramente elaborado por Constantin Stanislávski (1863-1938), após inúmeras etapas de aprendizado e prática teatral. No início, nas montagens dos *vaudevilles*, ele constata que o trabalho do ator consistia na simples repetição de procedimentos e códigos que caracterizavam as personagens e as situações: "Quanto mais eu representava, tanto mais insistentemente procurava para mim caminhos verdadeiros, e tanto mais fortemente crescia a minha perplexidade"[1]. Em seguida, na passagem pelo Teatro Mali, Stanislávski buscou, a partir da observação dos atores mais experientes, extrair princípios utilizáveis praticamente. Assim como na prática com o *vaudeville*, também nesse caso os alunos deveriam imitar os professores, sem portanto assimilar conhecimentos que pudessem fazer com que eles construíssem as próprias personagens. Seguiu-se então a experiência com as operetas do Círculo Aleksiêiev, em que ele percebe pela primeira vez a importância do trabalho rítmico na construção da ação; e a criação em 1888 da Sociedade de Arte e Literatura de Moscou. Na Sociedade de Arte, Stanislávski trabalhou com o diretor Fiedótov, que, a partir do trabalho com *O Cavaleiro Avarento*, de Púschkin, proporcionou a ele uma experiência que privilegiava as *ações interiores*. Porém, essa não foi a única lição aprendida por Constantin nessa ocasião. Ela serviu para que ele chegasse a uma conclusão fundamental para o desencadeamento dos acontecimentos posteriores:

> Os diretores explicam com talento o que querem obter, o que é preciso para uma peça; interessa a eles apenas o resultado final. Eles criticam, indicando ainda o que não se deve fazer, mas "como" obter o desejado é coisa que ninguém diz[2].

Em 1897, enfim, o longo encontro com Niemiróvitch-Dântchenko. Buscando construir as bases para a prática de um novo teatro, autônomo em relação aos burocratas que administravam os teatros e cafés da cidade, Stanislávski e Dântchenko fundam em 1898 o Teatro de Arte de Moscou.

Nos primeiros momentos do Teatro de Arte, Stanislávski busca instaurar novas práticas no processo de montagem dos espetáculos: a música deveria ser composta em função de cada espetáculo especificamente, e os figurinos deveriam ser submetidos, quando necessário, a uma pesquisa histórica. Porém, no que diz respeito ao trabalho do ator, ele ainda não havia conseguido desprender-se das práticas herdadas, ou seja, os papéis eram transmitidos já prontos, como modelos que deveriam ser reproduzidos. Stanislávski buscava observar em detalhes a atuação de grandes atores da época, como Salvini, mas foi principalmente através do contato com textos teatrais de autores a ele contemporâneos, sobretudo com Tchékhov, que Stanislávski estrutura o trabalho do ator, partindo inicialmente dos processos interiores. Os textos de Tchékhov, nesse sentido, tiveram

1. C. Stanislávski, *Minha Vida na Arte*, Rio de Janeiro, Civilização Brasileira, 1989, p. 81.
2. *Idem*, p. 150.

uma importância fundamental, pois eles não adquirem sua razão de ser a partir do discurso verbal, proferido pelas personagens. Para se chegar ao que "é dito" no trabalho com os textos de Tchékhov, que em muitos momentos não corresponde à expressão do que se "sente" ou do que se "pensa", é necessário que o ator atinja um profundo conhecimento da própria personagem. Em Tchékhov, o desenvolvimento das ações se dá através de um acúmulo de tensões, como nos faz perceber J. Guinsburg, a propósito de *A Gaivota*:

> mais do que um tecido de meias palavras subentendidas e frases sussurradas, trata-se, entretanto, de ações indiretas, que ocorrem no reverso da peça, enquanto o verso se apresenta estático, por assim dizer – nada ocorre nele exceto o acúmulo de tensões que se armam em conflitos, profundamente trágicos no plano da obra[3].

As especificidades dos textos de Tchékhov e o trabalho com outros autores como Maeterlinck levaram Stanislávski a buscar elaborar novos procedimentos de construção da personagem, e o fizeram constatar outros problemas:

- Como manter no tempo, a qualidade do trabalho do ator?
- Como lidar com a situação do ator contrária à da natureza?

A partir daí, Stanislávski reconhece a necessidade de construir um terreno preparatório à construção da personagem, que chamou de "estado criativo do ator". Na montagem de *O Drama da Vida*, de Knut Hamsun, primeira experimentação sobre as técnicas interiores, Stanislávski decide, juntamente com Sulierjitski, deixar de lado os elementos que para ele consistiam nos meios exteriores da interpretação. Stanislávski e Sulier queriam forçar os processos interiores a partir da quase imobilidade. Seguiram-se as montagens de Andrêiev (*A Vida do Homem*), Maeterlinck (*O Pássaro Azul*), e Turguiêniev (*Um Mês no Campo*) que deram continuidade às investigações sobre os processos interiores e representaram uma tentativa de Stanislávski de ir além dos limites estabelecidos pelo realismo. Ele buscava, naquele momento, ver quais eram as possibilidades do ator traduzir cenicamente textos que não retratavam a realidade perceptível visualmente. Stanislávski queria fazer com que a arte do ator acompanhasse o desenvolvimento das outras artes.

Na temporada de 1906, já era aplicada uma terminologia relativa ao trabalho do ator em seus processos interiores – o se, as circunstâncias dadas, e o elemento mais importante naquele momento: a memória emotiva. A Linha das Forças Motivas corresponde ao modelo cons-

3. J. Guinsburg, *Stanislávski e o Teatro de Arte de Moscou*, São Paulo, Perspectiva, 1985, p. 85.

truído e aplicado por Stanislávski em sua primeira fase, ou seja, da fundação do Teatro de Arte de Moscou até a experiência com o Estúdio de Ópera (1918). As Forças Motivas da Vida Psíquica: Sentimento, Mente e Vontade, juntas, tinham o papel de desencadear o trabalho criativo do ator. Naquele período, para Stanislávski, o trabalho do ator não poderia iniciar sem que os sentimentos fossem motivados. É nesse sentido que se daria a contribuição da Vontade e da Mente. Elas teriam a função de motivar os sentimentos.

> O primeiro e mais importante dos mestres é o sentimento, que infelizmente não é manipulável. Como vocês não podem iniciar o seu trabalho antes que os seus sentimentos sejam espontaneamente motivados, é preciso que recorram a um outro mestre. Quem é esse segundo mestre? É a Mente. Sua Mente pode ser uma força motiva em seu processo de criação. Haverá um terceiro? Se o aparato criador de vocês pudesse ser estimulado e espiritualmente dirigido pelos anseios, teríamos encontrado um terceiro mestre – a Vontade[4].

Em 1918, nasce o Estúdio de Ópera, fruto de uma colaboração entre o Estúdio de Ópera do Teatro Bolshoi e do Teatro de Arte. Tal acontecimento proporciona a Stanislávski um aprofundamento em relação à experiência já vivida no Círculo Aleksiêiev com as operetas. Stanislávski busca, no trabalho com os cantores-atores, a *ação rítmica*, passagem fundamental que marca o deslocamento definitivo de Stanislávski dos processos interiores guiados pela memória emotiva – sintetizado pelo modelo da Linha das Forças Motivas – para uma nova etapa, em que a *ação física* estará ao centro: "[...] compreendi que através da música e do canto eu poderia achar a saída para o impasse a que as minhas buscas me haviam levado"[5]. Além disso, é no processo vivido no Estúdio de Ópera que Stanislávki reconhece a importância fundamental do *ritmo*: "Para unificar a música, o canto, a palavra e a ação é necessário não um tempo-ritmo físico externo, mas interno, espiritual"[6].

A partir da experiência com o Estúdio de Ópera, Stanislávski iniciará a formulação do Método das Ações Físicas, termo plenamente utilizado durante a montagem de *Tartufo*, de Molière em 1938, ano da morte do mestre russo. Vemos então que o Método das Ações Físicas é o ponto de chegada de um percurso que parte da Linha das Forças

4. C. Stanislávski, *Manual do Ator*, São Paulo, Martins Fontes, 1989, p. 75. Inicialmente as Forças Motivas eram, como citado acima, Sentimento, Mente e Vontade. Porém, influenciado por psicólogos tais como S. L.Rubenstein, Stanislávski chega a uma nova formulação, em que a Representação e o Juízo cumprem o papel anteriormente assumido pela Mente, e a Vontade e o Sentimento tornam-se elementos indissociáveis. Ver em Constantin Stanislávski, *El Trabajo del Actor sobre si Mismo*, Buenos Aires, Editorial Quetzal, 1977, pp. 291-292.

5. C. Stanislávski, *Minha Vida na Arte*, *op. cit.*, p. 518.

6. *Idem*, p. 515.

Motivas e passa pela experiência com o Estúdio de Ópera, momento de transição no qual a *ação* passa a estar à frente do processo criativo.

Muitas podem ser as hipóteses que levaram Stanislávski a este deslocamento de eixo. Nesse sentido, algumas informações dadas pelo próprio ator e diretor russo, tornam-se fundamentais. A começar pela dificuldade de fixação de elementos tais como memória, sentimentos etc., dificuldade esta, que não está presente nas ações executadas pelos atores.

> Não me falem de sentimentos, não podemos fixar os sentimentos.
> Podemos fixar e recordar somente as ações físicas[7].

Mas o que são as ações físicas para Stanislávski?

Como resultado das leituras dos textos escritos por Stanislávski, sobretudo as traduções em espanhol, estas feitas diretamente do russo, identifico algumas características fundamentais da ação física e dos estudos práticos desenvolvidos sobre o tema.

Reconheço, como *primeira característica fundamental*, o fato da ação física ter sido considerada e nomeada inúmeras vezes por Stanislávski como uma *ação psicofísica*. Ou seja, no processo de sua execução as ações devem desencadear processos interiores, agindo dessa forma quase como "iscas".

> Resumindo: o ponto principal das ações físicas não está nelas mesmas, enquanto tais, e sim no que elas evocam: condições, circunstâncias propostas, sentimentos. O fato de um herói de uma peça acabar se matando não é tão importante quanto as razões interiores que o levaram ao suicídio. [...] Existe uma ligação inexorável entre a ação de cena e a coisa que a precipitou[8].

A execução das ações, portanto, provocam no ator, uma imediata necessidade de justificação das mesmas. "Logo que começarem a agir, irão sentir imediatamente a exigência de justificar as ações"[9].

Nesse sentido, as ações físicas, sendo a "isca" de processos interiores através da necessidade de sua justificação, funcionariam como uma espécie de *catalisador* de outros elementos do "Sistema", sobretudo daqueles ligados aos processos interiores do ator. Essa portanto, ao meu ver, é a *segunda característica fundamental* da *ação física*: ela é um catalisador de outros elementos do sistema. Tal característica permite observar, além disso, que a passagem da Linha das Forças Motivas para o Método das Ações Físicas não representa a eliminação dos elementos trabalhados anteriormente, mas sim uma diferente utilização destes. Ou seja, os elementos elaborados anteriormente passam a ocupar um

7. V. Toporkov, *Stanislávski alle Prove. Gli ultimi anni*; Milano, Ubulibri, 1991, p. 111.
8. C. Stanislávski, *Manual do Ator*; *op. cit.*, p. 3.
9. V. Toporkov, *op. cit.*, p. 112.

lugar diferente na topologia do sistema. De fato, Stanislávski, durante o período de estruturação do *método das ações físicas*, continua a falar em circunstâncias dadas, se, sentimentos, imaginação, visualização..., mas agora tais elementos são colocados a partir da problemática que envolve a execução das ações físicas.

Outra implicação ligada à ação física enquanto catalisador de processos interiores se refere à relação entre *ação externa* e *interna*. Quando Stanislávski dá exemplos de ação física, ele se utiliza na maioria das vezes de ações simples executadas corporalmente.

> Com que se ocupa Lady Macbeth no ponto culminante de sua tragédia?
> Com o mero ato físico de lavar uma mancha de sangue em sua mão[10].

Como já dito, durante o desenvolvimento do modelo da Linha das Forças Motivas, sobretudo no período em que trabalhou com textos " não realistas" (Maeterlinck, Turguêniev, Andrêiev...), Stanislávski buscou eliminar ao máximo os meios exteriores de interpretação, pois acreditava que tal procedimento forçaria o desenvolvimento das *ações internas* constitutivas dos processos interiores. Com a elaboração do conceito de ação física, porém, vemos que não há mais uma distinção funcional entre *ação interna* e *ação externa*. A atriz que interpreta Lady Macbeth deve se ocupar e se deixar estimular pela execução do ato de lavar-se. Nesse sentido, ela não deve buscar emocionar-se, mas sim concentrar-se em *como* lavará as mãos, podendo variar e experimentar várias possibilidades de combinação entre alguns dos elementos constitutivos dessa ação física: o ritmo com o qual executa a ação pode ser o mesmo ou pode variar internamente ao lento-veloz, a intensidade com a qual uma mão toca a outra pode ser constante ou variar internamente ao fraco-forte... Portanto, o conceito de ação física envolve tanto as ações executadas exteriormente quanto as ações internas desencadeadas pelas primeiras. A ação exterior alcança seu significado e intensidade interiores através do sentimento interior, e este último encontra sua expressão em termos físicos[11].

Outra característica importante das ações físicas, consequência por sua vez das duas primeiras, é que a ação física além de ser um catalisador dos elementos já presentes no Sistema, pode alterar o funcionamento desses elementos. Nesse sentido, talvez o elemento mais evidente, que pode ser tomado como exemplo, é a *memória*.

Como mencionado anteriormente, no período de elaboração da Linha das Forças Motivas, Stanislávski se utilizava da Mente e da Vontade como estimuladores das emoções. As emoções, por sua vez, para Stanislávski, estavam intrinsecamente ligadas à utilização da memória. As emoções deveriam ser resgatadas de um repertório de

10. C. Stanislávski, *Manual do Ator*, *op. cit.*, p. 1.
11. C. Stanislávski, *op. cit.*, p. 3.

experiências pessoais, iguais ou análogas às da personagem que deveria ser construída. Existia, portanto, uma ligação quase necessária entre *memória* e *emoção*. É preciso acrescentar, porém, que já na elaboração da *memória emotiva*, feita sobretudo a partir dos estudos de Ribot, o psíquico estava relacionado ao físico. Stanislávski, no capítulo "Memória Emotiva", não se refere somente à memória das emoções, mas também à memória das sensações, baseada nas experiências e ligada aos cinco sentidos: "Depois Tortsov estabeleceu a distinção entre a memória das sensações, baseada nas experiências, ligada aos nossos cinco sentidos, e a memória emocional"[12].

Porém, com a elaboração do Método das Ações Físicas, Stanislávski parece considerar com mais profundidade a utilização no trabalho do ator, de "outras memórias". Ou seja, no processo de execução das ações físicas, diferentes memórias podem ser evocadas: a memória de emoções, mas também a memória das sensações e dos sentidos; uma memória física, portanto.

Antes de passar às outras referências, que ao meu ver, contribuíram para a constituição do conceito de ação física, tal como utilizado neste trabalho, buscarei descrever os *elementos constitutivos de tal conceito* para Stanislávski.

> Não há ações dissociadas de algum desejo, de algum esforço voltado para alguma coisa, de algum objetivo, sem que se sinta, interiormente, algo que as justifique; [...] nenhuma ação física deve ser criada sem que se acredite em sua realidade, e, consequentemente, sem que haja um senso de autenticidade. Tudo isto atesta a estreita ligação existente entre as ações físicas e todos os chamados "elementos" do estado interior de criação[13].

Nesse trechos constata-se a afirmação feita anteriormente sobre a relação entre as ações físicas e os elementos já presentes anteriormente no sistema. Nesse caso, podemos dizer, então, que os elementos do "estado interior da criação", tal como os nomeou Stanislávski, são alguns dos elementos constitutivos da ação física. Descreverei, então, primeiramente os elementos do "estado interior", para em seguida avaliar como a prática com as ações físicas transformou a utilização de tais elementos. De acordo com os textos escritos pelo mestre russo, os elementos do "estado interior" são: o se, as circunstâncias dadas, a imaginação, a concentração da atenção, a memória emotiva, os objetivos e as unidades, a adaptação, a comunhão, a fé e o sentimento da verdade.

O se, na prática de Stanislávski, sobretudo em sua primeira fase, é o elemento que provoca a passagem, em termos perceptivos, da rea-

12. C. Stanislávski, *A Preparação do Ator*, Rio de Janeiro, Civilização Brasileira, 1989; p. 208.

13. C. Stanislávski, *Manual do Ator*, *op. cit.*, p. 2.

lidade do ator para a ficção, ou seja, para a realidade da personagem. Nesse sentido, o se também pode ser utilizado no processo de reconhecimento e construção de outras lógicas diferentes das do ator. Porém, este é um ponto ambíguo nas teorizações de Stanislávski. Ele parece reconhecer limites em relação às possibilidades de cada ator. De fato, se o se for aplicado sempre a partir da questão: "O que você, ator, faria se estivesse nestas circunstâncias...", inevitavelmente o ponto de vista e consequentemente as ações e reações a tais fatos estarão presos à esfera lógica do ator. Tal procedimento pode ser utilizado com o objetivo de aproximar o ator das questões e do universo da personagem. Porém, no processo de construção, tal procedimento não poderia concluir-se aqui. O se possibilita uma utilização mais extensa, que se refere, como dito acima, ao reconhecimento das diferenças entre a lógica do ator e a da personagem, e a consequente busca de apreensão da segunda. De qualquer forma, para Stanislávski o se tem como função colocar o ator "em situação" e sensibilizá-lo com relação às diferenças entre ele e a personagem.

As circunstâncias dadas são circunstâncias apresentadas geralmente por um texto teatral[14], que envolvem a personagem e a acompanham em seu percurso, em seu existir. Devido à distância, em termos experenciais, entre o ator e a personagem, pode-se utilizar, no processo de construção, de circunstâncias análogas àquelas presentes no texto. Por circunstâncias dadas, Stanislávski entende também aquelas que envolvem a concepção da encenação: figurinos, cenários, iluminação...

A imaginação. Para buscar entender o que pode significar a imaginação em Stanislávski, é preciso observar como ele a utiliza praticamente, uma vez que em seus escritos não encontramos uma definição do conceito em questão. Stanislávski, quando se refere à imaginação, frequentemente a associa à memória e aos sentidos. O ator deve desenvolver seu "ouvido interior" e sua "visão interior" e fazer da memória de suas experiências uma matéria que pode ser trabalhada. Quer os sentidos, quer a memória, devem estar a serviço da criação de uma vida que não é a do ator, uma vida imaginária, a vida da personagem. Nesse sentido, tanto imagens visuais como imagens sonoras e experiências pessoais podem contribuir para a construção dessa vida. O ator deve buscar um fluxo constante de imagens interiores, sonoras e visuais, pois isso fixa sua atenção na vida interior do

14. Stanislávski, apesar de ter em sua prática teatral partido de textos já escritos, admitia a possibilidade de se partir simplesmente de situações que poderiam ser desenvolvidas pelo ator. Em sua última fase, a dos "laboratórios", a análise textual, minimizada em relação aos momentos anteriores, privilegiava as descobertas provenientes do trabalho do ator no processo de sua execução. Ver, nesse sentido, o texto de Toporkov, *Stanislávski alle Prove*, Milano, Ubulibri, 1991; sobretudo o capítulo sobre os ensaios de "Tartufo".

papel. O percurso em cada ator pode ser diferente; alguns são dotados de um ouvido interior mais apurado, outros de uma visão interior. Stanislávski, em vários trechos de seus escritos, coloca a necessidade de exercitar a imaginação constantemente para mantê-la viva.

Cabe inserir aqui a distinção feita por Stanislávski entre "imaginação" e "fantasia". Enquanto na primeira o ator parte das suas próprias experiências, mantendo-se portanto na esfera do possível; a segunda está ligada a um ato de "invenção", que pode abarcar atos e eventos considerados impossíveis de acontecer na realidade.

Concentração da atenção. Através dos círculos de atenção, o intérprete passa a fazer com que a presença do espectador não seja um elemento de interferência. Ele deve buscar relacionar-se e deixar-se estimular pelas relações que estabelece, em cena, com objetos, com os outros atores... Stanislávski frequentemente propunha exercícios com objetos imaginários, pois eles exigem um nível maior de concentração. A "atenção", além disso, enquanto ato, adquire algumas especificidades em Stanislávski. Para ele, o exercício da atenção implica um tipo de observação, em que não basta olhar, mas sim sensibilizar-se com o objeto de sua observação, buscando colher o que há de específico nele, o que o diferencia dos outros, transformando-o assim em material criativo. "Não ajam como um frio observador, mas permitam que seu estudo eleve a temperatura de sua própria atitude criadora"[15].

Memória Emotiva. Como já dito, em sua primeira fase, Stanislávski via a emoção como condição necessária para que o ator pudesse fazer seu trabalho. A memória seria, então, o elemento através do qual o ator poderia despertar as emoções já vividas anteriormente. Para Stanislávski, quanto mais vasta é a experiência emocional do ator, mais rico é o material que ele tem à disposição para a sua atividade criativa interior.

Objetivos e unidades. As unidades são divisões feitas internamente ao texto escrito pelo autor, que têm a função de diferenciar cada momento da personagem, o que possibilita, dessa forma, a construção de um percurso para ela, de uma trajetória. As unidades devem ser nomeadas com substantivos. Já os objetivos devem ser geradores de ação, por isso verbos devem ser utilizados para nomeá-los. Ele distingue três tipos de objetivos: "exterior ou físico"; "interior ou psicológico" e "psicológico rudimentar" (objetivo comum, mas que contém algum elemento psicológico). Os objetivos estão ligados à superação de obstáculos reconhecidos na estrutura do texto escrito. A *ação cênica* é, para Stanislávski, o resultado da superação de tais obstáculos. "A vida, as pessoas, as circunstâncias, nós mesmos colocamos sem cessar, diante

15 C. Stanislávski, *Manual do Ator*, *op. cit.*, p. 17.

de nós mesmos, uma série de obstáculos [...] Cada um desses obstáculos cria um objetivo e a ação para alcançá-lo"[16].

A escolha dos objetivos torna-se importante, à medida que uma escolha errada pode interferir no processo de construção da personagem. Neste sentido, Stanislávski sugere em várias passagens, a escolha de objetivos físicos.

Adaptação. O processo de adaptação está relacionado ao emprego de recursos interiores e exteriores no processo de relação entre os atores-personagens. Mesmo buscando a precisão na repetição de suas ações, podem surgir, para o ator, diferentes estímulos no processo de relação em cena. Nesse caso, vemos o emprego do termo "adaptação" enquanto "ajuste perceptivo". A adaptação enquanto "ajuste" está relacionada, além disso, seja com o ator na relação com a sua personagem (ajuste das diferenças entre eles), seja com o ator-personagem em relação à plateia (cada público produz diferentes estímulos). Para Stanislávski, na execução das adaptações, o subconsciente do ator pode exercer um papel importante.

Comunhão. Também a comunhão diz respeito à relação entre o ator e os outros elementos do espetáculo. Porém, nesse caso é a continuidade, e não a análise de momentos específicos da personagem em cena, o aspecto mais importante. Stanislávski utiliza o termo "irradiação" para definir o fenômeno resultante da verdadeira comunhão entre o ator-personagem e os outros elementos do espetáculo. O mestre russo classificou cinco "estágios de comunhão"[17].

Fé e sentimento da verdade. Assim como no caso dos objetivos, Stanislávski sugere a divisão da possível verdade "geral" da personagem em "pequenas verdades", que devem encontrar um alicerce em suas tarefas psicológicas e físicas. A fé e o sentimento da verdade, portanto, não devem ser o resultado de uma escolha injustificada e dogmática, mas sim da realização de tarefas que podem encontrar uma justificação interna.

Os elementos do estado interior de criação, como já mencionado, foram elaborados durante o primeiro período de trabalho de Stanislávski, correspondente à sistematização da Linha das Forças Motivas. O segundo período, de elaboração e aplicação do Método das Ações Físicas, resultante também da experiência com o Estúdio de Ópera em 1918, surge em 1930 com o Plano de Direção de Otelo[18]. Nele, já podemos reconhecer muitas modificações na aplicação dos elementos elaborados anteriormente.

16. C. Stanislávski, *El Trabajo del Actor sobre si Mismo*, *op. cit.*, p. 172.

17. *Idem*, pp. 370-371.

18. Em C. Stanislávski, "Del Plan de Dirección de Otelo", *El Trabajo del Actor sobre su Papel*, Buenos Aires, Quetzal, 1977, pp. 286-299.

Descritos, então, os elementos do estado interior de criação, vejamos agora em que medida o trabalho com as ações físicas modificou a função e o emprego de tais elementos.

No que diz respeito ao se e às circunstâncias dadas, o que ocorre é um deslocamento de foco. Inicialmente esses dois elementos foram empregados a partir de um processo sobretudo mental, ou seja, a situação fictícia deveria ser visualizada, internalizando seu sentido e suas implicações, para estar, dessa forma, em condições de utilização. A partir do trabalho com as ações físicas tal percurso se modifica, não mais partindo somente de processos mentais que devem produzir ações. Esse percurso passa a ser possível em um duplo sentido: também a execução das ações atua agora sobre os processos interiores e não somente os processos interiores geram ações. A execução das ações propostas já contém em si, como que embutidas, as "circunstâncias" e os "se". "Quando a linha das ações físicas é bem ancorada nas circunstâncias dadas [...], não é tão grave se os sentimentos não estão tão presentes; retornem às ações físicas e elas restituirão os sentimentos perdidos"[19]. Ou seja, a execução e a repetição das ações adquirem a função de resgate das circunstâncias ficcionais e de seu sentido.

Com relação à imaginação, vemos em Stanislávski, uma modificação em termos de aplicação prática. Se no início a atividade da imaginação se dava exclusivamente num plano mental através do se e das circunstâncias dadas, com as ações físicas ela sofre uma modificação. Pode-se utilizar como exemplo os exercícios com os objetos imaginários, prática considerada pelo mestre russo como essencial para a assimilação e compreensão da natureza das ações físicas, de suas componentes e de sua lógica em cada detalhe. Tal prática tem a função de "desautomatizar" as ações cotidianas.

> Há muitos anos estou no teatro. Pois mesmo assim, todo santo dia, inclusive hoje, dedico dez ou vinte minutos a esses exercícios (com objetos imaginários), nas circunstâncias mais variadas que posso imaginar [...] Se não fosse isso, quanto tempo vocês acham que eu teria de gastar para vir a entender a natureza e as partes componentes das ações físicas daquela cena de Khlestakov?[20]

> Por favor, cada um de vocês escreva uma carta. Mas o façam com objetos imaginários, prestando atenção em todos os detalhes: peguem a caneta, aproximem o tinteiro, abram-no, controlem quanta tinta sobrou, peguem a folha, e assim por diante.[21]

19. V. Toporkov, *op. cit.*, p. 112.

20. C. Stanislávski, *A Criação do Papel*, Rio de Janeiro, Civilização Brasileira, 1987, p. 274. A cena mencionada corresponde à primeira entrada da personagem Khlestakov no segundo ato de *O Inspetor Geral*, de Gógol.

21. V. Toporkov, *op. cit.*, p. 105. Esta indicação foi dada por Stanislávski durante o primeiro ensaio de *O Matrimônio*, de Gógol, aos diretores escolhidos para tomarem contato com o novo método. Ele acreditava que os diretores não teriam condições de transmitir e aplicar o Método das Ações Físicas se não o vivenciassem anteriormente.

Vemos também nesse caso não mais uma prática que se dá num âmbito exclusivamente mental, mas, assim como em Aristóteles, a atividade da imaginação é concretizada em diálogo com os sentidos. Com as ações físicas podemos reconhecer, portanto, uma modificação na utilização da imaginação feita por Stanislávski.

Assim como no caso das circunstâncias dadas e do se, também com os elementos concentração da atenção, adaptação e comunhão, e fé e sentimento da verdade se dá a passagem de um processo sobretudo mental para aquele já mencionado, de mão dupla, em que há uma interação entre as ações e as consequentes percepções sensoriais, e os processos interiores. "A verdade das ações físicas vos conduzirá à convicção, depois ao "eu sou" e tudo passará pela ação"[22].

Como já mencionado anteriormente, no que diz respeito à memória, Stanislávski com o Método das Ações Físicas "Del Plan de Dirección de Otelo" passa a considerar a existência, além daquela emotiva, de outras: a memória das sensações e dos sentidos. Ou seja, uma memória física. "O diretor estabeleceu a distinção entre a memória das sensações [...] – ligada aos nossos cinco sentidos – e a memória das emoções. O sentido da visão é a mais receptiva das impressões. A audição é também extremamente sensível"[23].

Porém, além disso, com o novo método, Stanislávski modifica a função da *memorização do texto verbal*, como podemos constatar nos registros dos ensaios de *Tartufo*[24], feitos por Toporkov. Se antes a memorização do texto era uma das etapas iniciais de trabalho, nos ensaios desta obra de Molière, Stanislávski proibiu os atores de memorizarem o texto, inicialmente. O ator deveria mostrar o esquema de ações físicas sobre a qual se baseava uma cena do texto, utilizando a menor quantidade de palavras possível, podendo usar suas próprias palavras. O texto escrito pelo autor deveria ser dito somente numa segunda etapa, quando as situações já tivessem sido suficientemente compreendidas em sua complexidade. A partir desse ponto, iniciar-se-ia uma outra etapa, na qual se trabalharia sobre a palavra, buscando a construção das Ações Verbais[25].

> Constantin Sergeevic nos dizia continuamente: "Sem usar o texto, sem encenação, conhecendo somente o conteúdo de cada cena, trabalhem tudo segundo o esquema das ações físicas e o vosso papel estará pronto, ao menos, em trinta e cinco por cento. Em

22. V. Toporkov, *op. cit.*, p. 112.
23. C. Stanislávski, *Manual do Ator*, *op. cit.*, p. 104.
24. O *Tartufo*, de Molière, foi o último dos laboratórios dirigidos por Stanislávski, que morreu antes de sua conclusão. Com o registro do processo de ensaios dessa obra feito por Toporkov, temos o exemplo mais claro de aplicação do Método das Ações Físicas. Tal prática de não utilização, em um primeiro momento, do texto escrito pelo autor, já estava presente em 1930, nos ensaios de *Otelo*.
25. Trataremos da Ação Verbal na segunda parte deste trabalho, no item 2.4.6.

primeiro lugar, vocês devem estabelecer a sequência lógica das vossas ações físicas. Assim se prepara a personagem"[26].

No que diz respeito aos objetivos, com o novo método Stanislávski se refere cada vez mais a objetivos físicos, tarefas físicas, que por sua vez atuam sobre a interioridade do ator, no processo de encaminhamento do trabalho em cena. "Cada objetivo deve trazer, em si, a gênese da ação. [...] A correta execução de um objetivo físico ajudará a criar um estado psicológico ideal"[27].

Na primeira fase dos ensaios de *Tartufo*, aquela denominada *reconhecimento*, Toporkov nos informa sobre a prática executada pelos atores de "contar" a trama da maneira mais simples, e de como tal narração era direcionada, através de perguntas feitas por Stanislávski a cada ator, para a definição e resolução de tarefas físicas. "O tipo de exposição transformava-se em relação às perguntas que fazia o diretor. Todavia, ela era invariavelmente direcionada para a próxima resolução das tarefas físicas [...]"[28].

Descritos os elementos do estado interior de criação e buscando esclarecer como em alguns casos, suas funções e aplicações sofreram uma transformação com o surgimento do método das ações físicas, passemos agora a outros elementos que Stanislávski julgava importantes para a execução de tal método.

Além dos elementos do estado interior de criação, aquele ao qual Stanislávski mais se refere como essencial para a execução das ações físicas é o *ritmo*.

> Não poderá ter o domínio do método das ações físicas se não domina o ritmo. De fato, cada ação física é intimamente ligada a um ritmo e é caracterizada por ele. Se agirá sempre e somente com o ritmo que lhe é familiar, como poderá interpretar várias personagens?[29]

Cada ação física, portanto, comporta em si um ritmo que a caracteriza e a diferencia das outras. O ritmo se torna, assim, um elemento fundamental no processo de construção das ações da personagem.

Outro elemento mencionado por Stanislávski e depois retomado por Grotóvski, como veremos mais adiante, é o *impulso*. Stanislávski, em seu discurso, não chega a esclarecer de forma precisa as características desse elemento. Porém, a partir das informações presentes nos textos, podemos dizer que o *impulso* seria uma manifestação que ocorre no ator, e que pode gerar uma ação interna e/ou externa.

26. V. Toporkov, *op. cit.*, p. 111.
27. C. Stanislávski, *Manual do Ator*, *op. cit.*, p. 114.
28. V. Toporkov, *op. cit.*, p. 114.
29. *Idem*, p. 118.

Além disso, a execução das ações pode produzir impulsos geradores de outras ações.

> [...] a ação verdadeira, a ação com um propósito útil, despertada por impulsos interiores, tem primeiro de viver [...][30]
>
> Portanto o novo segredo e a qualidade nova de meu método para criar a entidade física, o ser físico, de um papel, consiste no fato de que a mais simples ação física, ao ser executada por um ator em cena, obriga-o a criar, de acordo com seus próprios impulsos, toda sorte de ficções imaginárias, [...][31]
>
> [...] o ponto principal não está na ação propriamente, mas na evocação natural de impulsos para agir[32].

Os impulsos, portanto, enquanto geradores e resultantes de ações, estão diretamente ligados ao seu processo de preenchimento e justificação, o qual envolve, por sua vez, os outros elementos do sistema. Além disso, os impulsos corretos parecem ter a função de impedir a cristalização e as mecanização das ações não suficientemente elaboradas.

> Agora vou repetir todas as ações confirmadas nesta lista, decidiu Tórtsov. E para não criar hábitos de rotina (ainda não preparei minhas ações com conteúdo, propósito e veracidade), irei simplesmente passando de um objetivo e ação adequados para os imediatos, sem executá-los em termos físicos [...] vou limitar-me a despertar impulsos interiores para a ação e fixá-los pela repetição[33].

Poder-se-ia também, associar os impulsos ao surgimento de "movimentos involuntários" no processo de repetição das ação físicas.

> Quanto mais vezes ele repetia a sequência de supostas ações físicas – ou, para ser mais preciso, os estímulos interiores para a ação – mais aumentavam os seus movimentos involuntários. Começou a andar, a sentar-se, a ajeitar a gravata, a admirar suas botas, suas mãos, a limpar as unhas[34].

Nesse caso, então, os movimentos involuntários, a partir da repetição dos impulsos, transformam-se em ações. Ou seja, tais movimentos transformam-se em ações a partir dos impulsos, estes resultantes da atividade do subconsciente. Esses momentos representam, para o diretor russo, sinais de apropriação da personagem por parte do ator. Stanislávski afirma ainda que existem diferentes tipos de impulsos. Alguns deles poderão tornar-se conscientes, mas outros, "provavelmente os mais importantes", permanecerão inacessíveis à consciência. Tal fato, porém, não deve ser encarado como um problema, pois, segundo o

30. C. Stanislávski, *A Criação do Papel*, *op. cit.*, p. 265.
31. *Idem*, pp. 282-283.
32. *Idem*, p. 268.
33. *Idem*, p. 270.
34. *Idem*, p. 273.

Stanislávski no papel de Satin na peça de M. Górki, *No Fundo*, 1902.

mestre russo, a consciência muitas vezes pode destruir o impulso interior nascido do subconsciente.

> Provavelmente agora, através das vossas próprias sensações, vocês conheceram a relação existente entre as vossas ações físicas e a causa interior dos impulsos [...] Este é o caminho que vai do exterior para o interior. Confirmada esta relação, repitam muitas vezes a linha da vida física do corpo humano. Não somente fixareis com ela as suas ações físicas, como também os seus impulsos interiores; alguns deles com o tempo, tornar-se-ão conscientes. Então poderão utilizá-los como quiserem, evocando livremente as ações que se conectam de maneira natural com eles. Porém, muitos dos impulsos interiores, e provavelmente os mais importantes, não se tornarão conscientes até o fim. Não lamenteis tal fato: muitas vezes a consciência elimina o impulso interior nascido do subconsciente[35].

A análise desse último aspecto, relativo aos impulsos, nos leva por sua vez a reconhecer outra característica fundamental das ações físicas. Elas não são a resultante imediata da aplicação de seus elementos constitutivos, mas sim o produto de uma prática que necessita ser repetida. Tais repetições porém teriam um caráter peculiar; elas não se limitariam simplesmente à reprodução do que foi feito anteriormente, mas seriam repetições que levariam a uma transformação das próprias ações, a partir de seu processo de preenchimento, justificação e conseqüente apropriação por parte do ator. A repetição, portanto, tal como descrita aqui, seria um procedimento necessário para a constituição da linha das ações físicas, ou seja, não somente das ações executadas a cada momento, mas de uma linha que as una e crie as ligações entre elas.

Vimos, então, as características da ação física em Stanislávski: ação física como *ação psicofísica;* ação física como *catalisador e elemento transformador de outros elementos do sistema no qual está inserido.*

Outro aspecto reconhecido como característico da *ação física* para Stanislávski é o de ser um *elemento fixável através de uma repetição* dinâmica, *que se preenche e justifica progressivamente.* Tal aspecto, porém, pode ser considerado como secundário, como uma variável.

No que diz respeito aos elementos constitutivos da ação física vimos: aqueles relativos ao estado interior de criação modificados em sua concepção e aplicação na passagem da Linha das Forças Motivas para o Método das Ações Físicas; o *ritmo* e o *impulso.* Antes de passarmos às outras referências, reconhecidas neste trabalho como tendo contribuído para o alargamento do conceito em questão, creio ser importante acrescentar um dado sobre as etapas de aplicação do Método das Ações Físicas, tal como descrito no livro de Toporkov[36]. Duas são as etapas em questão: "reconhecimento" e "apropriação do texto".

35. C. Stanislávski, *El Trabajo del Actor Sobre Su Papel, op. cit.*, p. 348.
36. V. Toporkov, *Stanislávski Alle Prove, op. cit.*, pp. 103-143.

Na primeira fase dos ensaios, aquela do *reconhecimento*, os atores devem "contar" a trama da maneira mais simples, utilizando as próprias palavras, e direcionar a narração, a partir das perguntas feitas pelo diretor a cada ator (Stanislávski no caso de *Tartufo*), para a definição e resolução de tarefas físicas. O objetivo desta primeira fase é definir, seja a *contra-ação* da personagem – estabelecimento de "obstáculos" geradores do desenvolvimento da ação; seja a *ação transversal* da peça – conhecimento das forças contrastantes presentes no texto. Tais elementos têm a função de sensibilizar e estimular os atores em relação às personagens e à trama, e proporcionar-lhes uma noção do percurso das personagens e de suas relações. Na segunda fase, a da "apropriação do texto", o ator, a partir das experiências construídas na primeira fase, pode agora se utilizar do texto escrito pelo autor, ou seja, dizer as palavras do texto sem cair em vícios estéreis de estilo. Desta forma, a palavra pode se transformar, de fato, em ação, uma *ação verbal*.

Passemos agora às outras referências, que ao nosso ver contribuíram para um ulterior desenvolvimento do conceito de *ação física*, úteis portanto para sua definição neste trabalho.

2.2. ULTERIORES CONTRIBUIÇÕES PARA O DESENVOLVIMENTO DO CONCEITO DE AÇÃO FÍSICA

O conceito de ação física, elaborado e colocado em prática por Stanislávski, foi, ao longo do século, ampliado e desenvolvido. Em alguns casos tal desenvolvimento não se deu de maneira consciente e intencional; ele está contido na prática artística de alguns criadores de teatro. Nesta parte do trabalho não se pretende esgotar a análise das práticas artísticas dos artistas selecionados. Em cada uma das elaborações examinadas, foram localizados aspectos específicos que podem conter diferentes níveis de conexão com a definição de base construída por Stanislávski, já descrita anteriormente. A ordem escolhida para a exposição das contribuições em questão seguiu critérios cronológicos relativos à produção artística de cada artista.

2.2.1. Vsevolod E. Meierhold: A Pré-Interpretação *e as Diferentes Matrizes*

Distorcida inúmeras vezes por historiadores e artistas, a relação entre Meierhold e Stanislávski foi quase sempre considerada uma relação de "opositores radicais", teatralmente falando. Mas, como nos mostra J. Guinsburg, se observarmos mais atentamente, veremos que tal relação na verdade, oscilou entre distâncias e aproximações.

Constantin Alexêiev Stanislávski (1863-1938) era onze anos mais velho que Vsevolod Meierhold (1874-1940). Mais do que isso, porém, importa o vínculo de trabalho e a interação que se estabeleceu entre eles a partir de 1898, quando da fundação do Teatro de Arte de Moscou por Stanislávski e Dantchenko. Desde então, nos sucessivos encontros e desencontros que assinalam o curso de suas concepções e realizações dramáticas, as buscas de um novo teatro no âmbito russo – e não apenas nele – adquirem nomes polarizantes Stanislávski-Meierhold, que passarão cada vez mais a encarná-las efetiva e simbolicamente[37].

Após sua passagem pelo Instituto Dramático e Musical da Sociedade de Filarmonia de Moscou e pelo Teatro de Arte de Moscou (TAM), no qual interpretou dezoito personagens, Meierhold foi convidado por Stanislávski a dirigir, juntamente com ele, o Teatro-Estúdio – o Estúdio da rua Povarskaia (1904-1905) –, um anexo ao Teatro de Arte com fins experimentais. Foram preparados dois espetáculos que, no entanto, não chegaram a ser apresentados: *A Morte de Tintagiles*, de Maeterlinck e *Schluck e Jau*, de Hauptmann. Stanislávski e Meierhold queriam experimentar novas possibilidades expressivas, necessidade esta gerada sobretudo em função dos desenvolvimentos presentes em outras formas de arte. Neste caso específico, o eixo das experimentações foram os textos simbolistas. Uma das razões que contribuíram para a não abertura do Teatro-Estúdio foi a insatisfação de Stanislávski perante os resultados obtidos por Meierhold. Logo após o fim dessa experiência e a separação entre os dois, as divergências eram muito acentuadas, como pode-se ler nesta carta escrita por Meierhold:

> Neste livro[38] (o dedico a Vós) encontrareis uma referência negativa àquela escola de arte cênica cujo fundador na Rússia sois Vós. Sublinho conscientemente os lados negativos dessa escola. Isso é necessário para mim. E além deste livro poderia escrever um outro, no qual teria ilustrado os aspectos positivos da escola [...] Mas isso já entrou para o domínio da história. Tamanha é a velocidade que a arte russa caminha para frente [...] (Meierhold para Stanislávski, maio/junho de 1907, Kuokalla)[39]

Durante o período posterior, eles mantiveram contato através de cartas, até o reencontro profissional em 1937, após o fechamento do Teatro Meierhold, ordenado pelo governo soviético. Foi nessa ocasião que Stanislávski convidou Meierhold a dirigir o Teatro de Ópera Stanislávski. Quatro momentos, portanto, merecem destaque: aquele do aprendizado de Meierhold com Dantchenko no Instituto Dramático e

37. J. Guinsburg, "Stanislávski-Meyerhold: Uma Relação Antitética", *Stanislávski, Meierhold & Cia.*, São Paulo, Perspectiva, 2001, pp. 85-93.

38. Tradução da nota número 28 da pág. 67 da revista *Il Dramma*, n. 7-8 setembro-outubro, Roma, 1982: "Trata-se do artigo "Teatro (História e Técnica)", que talvez Meierhold tivesse a intenção de publicar como livro. O artigo foi publicado em *Teatro. Livro sobre o Novo Teatro*, de 1908".

39. Revista *Il Dramma*, n. 7-8, setembro-outubro, Reggio-Emilia, 1982, p. 65.

Musical e com Stanislávski no TAM (até 1902); o do Teatro Estúdio (1904-1905); o das contraposições entre os modos de pensar o teatro (até 1937); e o "reencontro da morte" (1937-1938)[40].

Muitos dos aspectos referentes à relação entre os dois artistas, com seus pontos de aproximação e de distância[41], poderiam gerar uma discussão dinâmica e transformadora, mas talvez o aspecto mais polêmico seja aquele ligado à psicologia e a sua utilização no trabalho do ator.

Ambos se utilizaram de referências pertencentes ao campo da psicologia experimental. Stanislávski no início com S. L. Rubenstein e depois com Pavlov; Meierhold com Pavlov e William James. Ou seja, ambos procuraram um suporte científico para justificar as próprias pesquisas e práticas teatrais. Há, porém, no que diz respeito a este aspecto, muitas diferenças entre os dois no percurso de suas pesquisas. Basta recordar a primeira fase do trabalho de Stanislávski – relativa à Linha das Forças Motivas – em que o *sentimento* e os aspectos ligados à *memória emotiva,* eram considerados seus elementos centrais. Contudo, se pensarmos na fase do Teatro de Ópera e na última fase do trabalho de Stanislávski, vemos que tais diferenças se reduzem a divergências entre poéticas. Ou seja, enquanto processos de concretização e formalização da obra, e não tanto enquanto ponto de vista sobre a utilidade da psicologia como referência útil e necessária para a construção do próprio trabalho com o ator, e da ação especificamente. Basta citar dois exemplos:

> Um homem começa a correr, fingindo estar assustado porque está sendo seguido por um cão. O cão não existia, mas ele corria como se ele existisse. Enquanto o homem "assustado pelo cão" corria, surgiu nele um sentido real de medo[42].
>
> [...] a ação física é uma ação autêntica e coerente concretizada para o alcance de um objetivo; no momento de sua realização a ação se torna psicofísica[43].

Vemos nas duas citações feitas acima, a descrição de um mesmo percurso: a *ação*, se corretamente executada, torna-se psicofísica. Nesse sentido, ou seja, aquele relativo à *ação psicofísica,* que privilegia o percurso que parte da execução para o desencadeamento dos processos interiores, se não levarmos em conta os princípios que podem ser utilizados na construção da ação, vemos uma concordância entre os dois artistas.

40. J. Guinsburg, "Stanislávski-Meierhold: Uma Relação Antitética", *Stanislávski, Meierhold & Cia., op. cit.*, pp. 85-87.

41. *Idem*; Jacó Guinsburg reconhece nove pontos de aproximação entre os dois encenadores russos, ver pp. 85-87.

42. V. E. Meierhold, *L'Ottobre Teatrale*, Milano, Feltrinelli, 1977, p. 90. Essa história contada por Meierhold, foi descrita por William James.

43. V. Toporkov, *op. cit.*, p. 110.

Portanto, a partir do conhecimento sobre a última fase do trabalho de Stanislávski, podemos concluir, então, que a categoria "Psicologia *x* Não Psicologia" ou "Psicologismo *x* Não Psicologismo" não é pertinente para definir a relação entre ele e Meierhold. A diferença entre os dois encenadores, no que diz respeito à utilização da psicologia no próprio processo artístico, está relacionada ao valor que tal referência tem para cada um deles.

> Se para o mestre da vivência o indivíduo psicológico e social é o centro de todas as coisas, para o mestre da biomecânica esta centralidade é deslocada para uma trans-individualidade dos poderes inefáveis ou das forças físicas ou de produção [...][44].

Passemos às *matrizes*.

Ao contrário dos futuristas, que desejavam negar toda a arte produzida anteriormente, para Meierhold o estudo sobre os teatros do passado era fundamental. Só a partir de tal estudo o teatro poderia encontrar soluções para os problemas ligados à sua prática, e renovar-se a partir disso. Meierhold, nesse sentido, elege várias formas teatrais: a *Commedia dell'arte*; os teatros orientais, sobretudo o kabuki japonês e a Ópera de Pequim chinesa; o teatro do Século de Ouro espanhol; o teatro elisabetano, sobretudo Shakespeare; e as formas teatrais populares – teatro de feira... Tais escolhas, porém, não foram casuais. Meierhold, negando o naturalismo experimentado no Teatro de Arte de Moscou para buscar construir uma identidade estética específica para o teatro, reconhece na "inverossimilhança convencional" de Púschkin, um caminho seguro para o resgate de tal identidade, ou seja, da teatralidade.

Defino, portanto, como matrizes, nesse caso, as várias referências artísticas, teatrais e extrateatrais (música, pintura, escultura...) utilizadas por Meierhold no processo de construção de sua prática teatral. Mas é importante notar que o caráter inovador dessa prática não está ligado somente ao fato dele ter sido o primeiro diretor a utilizar diferentes referências teatrais em suas pesquisas, mas está ligado ao "como" ele as utilizou. Longe de ser uma reprodução superficial de formas, Meierhold vê tais referências como "linguagens", compostas portanto de diferentes procedimentos de construção de códigos. Inevitável, aqui, o reconhecimento de uma conexão entre tal ponto de vista e as formulações teóricas dos "formalistas russos".

44. J. Guinsburg, "Stanislávski-Meierhold: Uma Relação Antitética", *Stanislávski, Meierhold & Cia.*, *op. cit.*, p. 89. As divergências entre Meierhold e Stanislávski, no que diz respeito à psicologia, de uma certa forma resgatam aquelas presentes anteriormente na relação entre Diderot e St. Albine. Também nesse caso o debate se apoiava na questão técnica *x* sensibilidade; razão *x* emoção. Um registro fundamental desse debate pode ser lido em, Denis Diderot, "Paradoxo sobre o Comediante", *Os Pensadores*, São Paulo, Editora Abril, 1973.

Desinteressados em relação às implicações semânticas da linguagem, os formalistas russos extraíam dela determinados códigos, a partir de suas propriedades lógico-sintáticas e rítmicas. Daí a importância do termo "estrutura", central também nas reflexões e práticas de Meierhold. Assim como os formalistas russos, Meierhold deixou de lado muitas das implicações semânticas ligadas às linguagens utilizadas por ele como referências teatrais, para vê-las como "estruturas" compostas de códigos que tinham um funcionamento específico. Meierhold reconhece e extrai, de cada linguagem, elementos, modos de funcionamento e relação, e processos de construção de sentido. Ele descreve em seus escritos, as diferentes funções da música presentes em tais linguagens, as relações da música com o gesto, as possibilidades de utilização dos objetos, as possibilidades de utilização do figurino, as possibilidades de utilização da luz e de construção do espaço, as relações do corpo com o espaço, as diferentes possibilidades de utilização da palavra, as diferentes funções das personagens, diferenciadas por categorias...[45]

Nesse percurso, Meierhold manifesta importância de um outro elemento: o "desenho dos movimentos". "Os gestos, as atitudes, os olhares, os silêncios estabelecem a verdade das relações humanas; as palavras não dizem tudo. Torna-se necessário, portanto, um desenho de movimentos para situar o espectador na posição de observador perspicaz [...]"[46]

Meierhold reconhece gradualmente, a partir da observação das diferentes formas teatrais, a importância de procedimentos que ajam sobre a percepção do espectador. É a partir de tal reconhecimento que ele chega às definições *de composição paradoxal* e de *grotesco*.

> Com o objetivo de capturar de maneira mais acentuada a atenção do público para obter o efeito desejado, às vezes os dramaturgos recorrem ao deslocamento e à completa transformação da composição dramática; assim, uma situação tradicionalmente cômica é desenvolvida em um plano trágico ou vice-versa, ou então são invertidas as concepções geralmente aceitas[47].

Esse é o argumento utilizado por Meierhold para definir o conceito de composição paradoxal. Tal processo, identificado como operação dramatúrgica, ele o aplica na construção das personagens em muitos espetáculos. Comentando a montagem de *Hamlet*, do TAM, protagonizada por M.Tchékhov, Meierhold descreve seu Hamlet como "místico,

45. No que diz respeito à relação do corpo com a música e às possibilidades de codificação corporal, duas referências foram fundamentais para Meierhold: F. Delsarte e J. Dalcroze.

46. V. Meierhold, " Sul Teatro", em Giovanni Crino, *La Rivoluzione Teatrale*, Roma, Editori Riuniti, 1962, pp. 43-44.

47. V. E. Meierhold, *L'Attore Biomeccanico*, Milano, Ubulibri, 1993, p. 83.

um eremita, que se isola e prega, se isola e contempla..."[48] Sendo assim, Tchékhov não explora os aspectos cômicos da personagem, que poderiam revelar de maneira mais profunda a sua tragicidade e complexidade.

No que diz respeito às formulações sobre o *grotesco*, Meierhold reconhece a influência de três referências: Carlo Gozzi, J. Callot e E. T. A. Hoffmann. Na terceira parte de seu livro *Sobre o Teatro*, no capítulo intitulado "A Barraca dos Saltimbancos", ele utiliza o conceito de grotesco para definir a própria teatralidade. Mas Meierhold não considera o grotesco somente como um estilo; ele o considera um método: Grotesco: Exageração e transformação intencional (alteração) de dados naturais, Além de associar objetos que a própria natureza ou a nossa experiência cotidiana habitualmente não conciliam, coloca em relevo as características de uma acentuada deformação[49].

Em seguida, Meierhold acrescenta:

> Na esfera do grotesco, substituir a solução de uma composição pronta por uma completamente oposta, ou então aplicar procedimentos conhecidos e aceitos na representação de objetos opostos ao objeto que fixou tais procedimentos, chama-se paródia[50].

Definindo como procedimento da esfera do grotesco a alteração de composições esperadas, por outras, Meierhold nos quer fazer entender, então, a composição paradoxal como um dos procedimentos do grotesco. Podemos constatar tal hipótese a partir da utilização, por Meierhold, da paródia também como exemplo de composição paradoxal. Segundo a pesquisadora Beatrice Picon-Vallin, tal conceito parece catalisar os esforços ligados à busca, por parte de Meierhold, de construir uma linguagem para o ator, diferente seja do naturalismo, seja da teatralidade intuitiva de Evrêinov: "Todos encontraram a própria linguagem: os pintores, os escritores, os cientistas; somente o ator não possui ainda a sua"[51].

Meierhold parece reconhecer no grotesco, a possibilidade de dar uma unidade às suas pesquisas, de ser um denominador comum resultante da observação e do estudo de diferentes formas teatrais. O grotesco enquanto revelador de estruturas profundas da realidade a partir da utilização de contrastes: cômico e trágico... Mas o grotesco também enquanto definição de um tipo de ator, um *ator sintético* – capaz de interpretar e passar facilmente pelos dois registros (trágico e cômico), além de ter domínio de seu aparato biológico e de diferentes habilidades: *clown*, acrobacia, mágica, dança, canto, atletismo... O grotesco torna-se o caminho para se chegar ao "novo realismo".

48. V. E. Meierhold, *L'Ottobre...*, *op. cit.*, p. 216.
49. V. E. Meierhold, *L'Attore Biomeccanico*, *op. cit.*, p. 84.
50. *Idem*, p. 84.
51. B. Picon-Vallin, "Il Grottesco in Mejerchol'd", em *Il Dramma*, *op. cit.*, p. 57.

Em 1925, porém, após a montagem de *O Inspetor Geral*, de Gógol, Meierhod reconhece o desgaste deste conceito, devido sobretudo ao abuso e às más interpretações e utilizações feitas pelos artistas e críticos da época. É importante reconhecer, no entanto, a importância fundamental do grotesco, seja para a compreensão do percurso artístico, seja para a compreensão da poética de Meierhold. Neste sentido, é útil recordar sua motivação originária: "O que é essencial no grotesco é o modo constante com o qual ele desloca o espectador de um plano perceptivo que acabou de intuir, para um outro que ele não esperava"[52].

A *pré-interpretação*.

Para podermos refletir sobre a pré-interpretação é necessário, antes, tomarmos em exame as formulações feitas por Meierhold sobre a *biomecânica* e seu sistema.

Como já dito anteriormente, o trabalho do ator está ao centro das reflexões e da prática teatral de Meierhold. Nesse sentido, de 1913 a 1917, o diretor russo vive uma etapa de fundamental importância: as pesquisas no estúdio da rua Borondiskaia. Paralelamente aos estudos sobre o grotesco, ele desenvolve neste estúdio, as bases da biomecânica: um treinamento global, "que envolve o corpo e o cérebro" do ator. Este treinamento não era um sistema de interpretação, mas era pensado em correlação com o momento da interpretação[53]. No estúdio se trabalha sobre o "movimento" seja isoladamente, seja em relação com outros elementos da cena: o espaço, os materiais sonoros, os objetos... Meierhold, dando continuidade à suas pesquisas sobre os "teatros do passado" e outras formas teatrais, nessa fase do estúdo da rua Borondiskaia adota como referências principais a *Commedia dell'arte* e a gestualidade dos atores orientais. Outras duas características importantes do "sistema biomecânico" são – a pesquisa sobre as diferentes possibilidades de relação entre movimento e palavra; e a importância do ritmo. Meierhold reconhece no movimento, por um lado, um potencial de significação muito maior que a palavra, em função do desgaste resultante da associação desta última com uma espécie de "racionalismo estéril"[54]. Por outro, ele busca a execução de uma palavra que faça "nascer as poses, os movimentos e os gestos". No que diz respeito ao ritmo, sua importância não é isolada. Desde o início de suas pesquisas, a música foi uma referência fundamental para

52. *Idem*, p. 56.

53. F. Malcovati, "Introdução", em Meierhold, *L'Attore biomeccenico*, *op. cit.*, introdução, p. 8.

54. No estúdio, um dos exercícios pedidos aos alunos consistia em traduzir em uma "pantomima essencial" uma trama complexa de um texto. É conhecida, nesse sentido, a pantomima sobre *Otelo* proposta por Marinetti e executada pelos alunos em três minutos.

Meierhold. Porém, após as distorções ligadas ao grotesco, a música, através de conceitos como polifonia, modulação..., passa a ter uma importância ainda maior enquanto "sistema de composição" da cena e do trabalho do ator.

O termo "biomecânica" nasce somente em 1922. Entre os componentes necessários para o entendimento de sua adoção por parte de Meierhold estão a *reflexologia* de Pavlov, Brechterev e William James; o *taylorismo*[55]; e o *produtivismo* – importantes referências em circulação naquele período. Mesmo não sendo um "sistema de interpretação", o sistema biomecânico envolve o inteiro processo criativo do ator. Uma característica de tal sistema é que ele, segundo Meierhold, deveria desenvolver-se inteiramente na esfera do consciente. "O inteiro sistema biomecânico, o inteiro processo de nossos movimentos, é ditado por um princípio fundamental: o pensamento, o cérebro humano, o aparato intelectivo. Esta é a coluna portante do inteiro sistema biomecânico"[56].

O objetivo de tal princípio era o de levar o ator, dessa forma, a aprender a controlar os próprios meios expressivos independentemente das condições do momento. A biomecânica coloca em relevo a compreensão, por parte do ator, de sua atividade psicofísica durante seu processo criativo. O percurso presente no processo criativo do ator biomecânico poderia ser traduzido pelo seguinte esquema:

Pensamento→movimento→emoção→palavra
↘
palavra→movimento→emoção

Nesse esquema, na verdade, vemos dois percursos: um que vai do pensamento à palavra (linha superior); e o outro relativo à busca de Meierhold, como dito acima, por uma palavra que pudesse gerar movimentos e gestos. Nos dois casos, o objetivo de Meierhold era o de desenvolver um estado de prontidão e a capacidade de reação a fim de diminuir ao máximo o tempo de passagem entre pensamento-movimento, pensamento-palavra e movimento-emoção-palavra. Tal esquema, por sua vez, é coerente com a fórmula construída por ele para definir o processo de trabalho do ator:

$$N = A1 + A2.$$

Seguindo sua definição, N é o ator; A1 é o construtor, que formula mentalmente e dá ordens para a realização da tarefa; e A2 é o corpo

55. Estudos científicos dos processos de trabalho e sobretudo dos gestos "industriais", os quais deveriam ser executados da maneira mais essencial e econômica. Tais estudos tinham como objetivo estimular uma maior produtividade por parte dos trabalhadores das indústrias.

56. V. E. Meierhold, *L'Attore Biomeccanico*, *op. cit.*, p. 18.

do ator, o executor, que realiza a intenção do construtor[57]. Meierhold associa tal fórmula, seja ao processo de *taylorização* utilizado em fábricas para aumentar a capacidade de produção dos operários; seja ao desenvolvimento da "reatividade" do ator, resultante do trabalho com o sistema biomecânico.

Pois bem. Se considerarmos, de um lado, a fórmula proposta por ele; e de outro, a descrição da "corrida do cão"[58] descrita por William James, veremos, então, de um lado, uma fórmula que prevê um percurso que parte de uma mente que dá ordens para um corpo que as executa; e de outro veremos a utilização de uma descrição que toma como modelo um percurso que parte da execução para o preenchimento interior, e consequentemente para o seu "entendimento". A presença destes dois dados nas teorizações de Meierhold, à primeira vista, parece paradoxal. O fato da pessoa que corre "conhecer" a situação escolhida ou ter de usar a própria imaginação para acreditar que está correndo de um cachorro, confirmaria a aplicabilidade da fórmula? Deixaremos tal questão em aberto.

Examinados então, os conceitos de grotesco e biomecânica, assim como alguns dos aspectos ligados às suas aplicações práticas, passemos à pré-interpretação.

É importante notar que, além das diferenças e especificidades ligadas a cada etapa de seu percurso artístico, há uma forte inter-relação presente entre as práticas concretizadas por Meierhold ao longo desse percurso. Se tomarmos como exemplo a biomecânica e o grotesco, veremos que: ambos estão relacionados não somente com a interpretação em si, mas com processos que antecedem ou que preparam a interpretação; ambos estão relacionados com um trabalho, uma intervenção sobre os processos perceptivos, tanto do ator como do espectador.

Assim como tais aspectos estão relacionados ao grotesco e à biomecânica, eles também estão contidos na pré-interpretação.

> Por exemplo, quando sobre a cena um ator recebe um telegrama e o abre, o público quer saber imediatamente o seu conteúdo: "Vamos, diz logo o texto do telegrama". Mas o ator sabe que não deve ter pressa, ainda um pouco de paciência. Lê o texto do telegrama e fica perturbado. Então o público dirá: "Pro inferno o telegrama, é mais interessante ver como é perturbado." E assim a atenção se desloca do telegrama para as emoções do ator. [...] não nos interessa a interpretação como um fim em si mesma, não a sua situação final, mas a preparação para o momento culminante[59].

A pré-interpretação, definida por duas atrizes de Meierhold – Zinaida Raich e Balabanova, parece sugerir um deslocamento

57. Essa fórmula e sua descrição estão presentes em V. E. Meierhold, *L'Ottobre Teatrale*, *op. cit.*, p. 62.
58. Ver p. 39 deste trabalho.
59. V. E. Meierhold, *L'Ottobre Teatrale*, *op. cit.*, pp. 222-223.

perceptivo por parte do ator e do espectador. A "ação", concebida também por Meierhold como psicofísica, traz sempre consigo as duas dimensões: de exterioridade e interioridade. Mas no caso da pré-interpretação a interioridade da ação parece prevalecer sobre a outra. Tal hipótese pode ser confirmada em observações feitas sobre o "ator-tribuno"[60]. Nelas, Meierhold diz que a pré-interpretação é um sistema que não pode ser ignorado pelo ator-tribuno, e que a partir de tal sistema, o ator "não deve ter como objetivo demonstrar que as ações cênicas são 'belas' na sua teatralidade, mas sim, como um cirurgião, descobrir a sua interioridade"[61]. Nessa outra passagem, o criador da biomecânica aplicada ao ator parece reforçar a hipótese construída acima:

> Benedito sai de seu esconderijo, atrás de um arbusto, de onde acabou de escutar uma conversa preparada para que ele a escutasse, sobre quanto ele era amado por Beatriz. Benedito fica um longo tempo parado, voltado para os espectadores, com uma expressão estupefata. Inesperadamente os seus lábios movem-se sutilmente. Agora olhem com atenção os olhos de Benedito; continuam a estar fixos, mas sob o bigode surge imperceptivelmente um leve sorriso triunfante e feliz; o artista não diz nada, mas se nota que dentro dele está aumentando uma onda de intensa felicidade, incontrolável: começam a sorrir os músculos, as bochechas, o sorriso inunda cada vez mais o rosto que treme; instantaneamente esta inconsciente sensação de felicidade é atravessada por um pensamento, e como toque final desse jogo mímico, os olhos, até aquele momento fixos pelo estupor, iluminam-se de felicidade. Benedito é um único impulso de felicidade, e o público explode em aplausos, e o artista não disse ainda uma palavra e só então começa o monólogo[62].

A descrição acima refere-se a um momento da atuação do ator Lenski, que interpretava a personagem Benedito em *Muito Barulho Por Nada*, de Shakespeare. Meierhold utiliza tal descrição como exemplo de concretrização do conceito de pré-interpretação. Na cena citada, assim como naquela do telegrama descrita anteriormente, vemos o deslocamento da atenção do exterior para a interioridade da ação, que prepara o passo seguinte: a interpretação ou ação psicofísica.

Dos escritos de Meierhold que tratam do problema da pré-interpretação, um dos mais importantes é sem dúvida aquele de 1925 sobre a montagem de *O Professor Bubus*. Ele, nesse escrito, examina primeiramente os problemas relativos aos espetáculos que têm a música como eixo. Nesse sentido, traça um breve histórico da Ópera revendo algumas contribuições, sobretudo aquelas dadas por Glück, Wagner,

60. Termo elaborado por Meierhold, cujas características principais são: a atitude crítica perante a obra e a personagem; controle sobre a recepção do público do que executa em cena e a propaganda política. É inevitável a associação de tais características com alguns princípios ligados ao trabalho do ator no Teatro Dialético, criado mais tarde por Bertolt Brecht.

61. V. E. Meierhold, *L'Ottobre Teatrale*, *op. cit.*, p. 231.

62. *Idem, ibidem.*

Meierhold e Erast Gárin prefigurando posturas para "a cena muda", *O Inspetor Geral*.

Scriabin e Prokofiev. Em seguida, fala sobre a questão da interpretação e da tradução cênica de *Hamlet*, para depois analisar a obra em questão – *O Professor Bubus* – de Aleksei Faiko. Meierhold, então, após tratar do aspecto cenográfico, coloca a música como elemento de concretização de um importante princípio: o "princípio de associação". "Como fizemos o Bubus? [...] nós sustentamos o princípio de associação. Queremos que no público nasçam associações"[63].

Por meio do "melólogo", a sobreposição entre música e gesto pode revelar associações que dispensam a necessidade da "memória emotiva" Stanislavskiana. A presença da música, dessa forma, faz com que o ator reveja os próprios métodos de interpretação.

É internamente a esse contexto, relativo ao trabalho com a música, que Meierhold elabora o conceito de pré-interpretação. Além da música gerar a necessidade de uma gestualidade precisa, ela é para Meierhold, um poderoso elemento de condução da atenção do espectador, e pode manter a plateia, assim como acontece com os teatros antigos do Japão e da China, em um contínuo estado de tensão.

> A pré-interpretação prepara a tal ponto o público para receber a situação cênica, e este recebe todos os detalhes do palco de maneira tão elaborada, que para captar o sentido da cena não lhe é necessário esforço algum[64].

> Na maioria das vezes, ela (a pré-interpretação) é um trampolim, aquela quantidade de tensão que se descarrega na interpretação. A interpretação é a extremidade e a pré-interpretação é algo momentâneo que flutua, que cresce à espera de uma solução[65].

A pré-interpretação, portanto, é um conceito que se dá de maneiras diferentes e produz diferentes efeitos sobre o público. Ela "é um trampolim, a justa tensão que se descarrega na interpretação", que "mantém, por sua vez, a tensão e a atenção do público" e o "prepara para receber a situação cênica sem esforço" através do "deslocamento de sua atenção para a interioridade da ação executada pelo ator". Para Meierhold, enfim, "O trabalho do ator consiste em uma alternância artificial de interpretação e pré-interpretação"[66].

Com o desenvolvimento de seu trabalho sobre as *matrizes*, sobre a pré-interpretação, sobre o grotesco e a biomecânica, Meierhold, assim como Stanislávski com seu sistema, gerou e antecipou muitas das pesquisas teatrais feitas posteriormente.

63. *Idem*, p. 218.
64. *Idem*, p. 231.
65. *Idem*, p. 227.
66. *Idem*, p. 230; e em James M. Symons, *Meyerhold's Theatre of the Grotesque*, Florida, Coral Gables, University of Miami Press, 1971, p. 126. Na tradução em italiano vemos *artificiale*, mas naquela em inglês vemos *artful* (astuto, hábil, simulado, artificial, falso), palavra que indica outras possibilidades de significação.

A história do teatro moderno tem um de seus eixos na relação antitética Stanislávski-Meierhold. Não que tudo se concentre ao seu redor, mas o repertório de preocupações, tendências e soluções que revestiu a vida de cada um destes dois diretores engloba boa parte dos problemas, discussões e opções que caracterizam o processo da modernidade teatral em sua época e que em certos pontos essenciais continuam até hoje na mesa do debate estético que permeia a criação cênica[67].

No que diz respeito à ação física, Meierhold contribuiu para um alargamento desse conceito em vários níveis. Por intermédio do trabalho com as diferentes linguagens cênicas, o artista russo amplia as possibilidades de utilização de "matrizes geradoras" de ações. Observando, por exemplo, um princípio gestual do teatro chinês que determina que um gesto deve finalizar na direção oposta àquela que iniciou, Meierhold elabora o *otkaz* (recusa). A partir da elaboração do grotesco, da biomecânica e da pré-interpretação, Meierhold funde ou concatena ações de diferentes gêneros e linguagens em uma mesma personagem, elabora procedimentos que antecedem a interpretação, e aprofunda o jogo perceptivo entre ator e espectador buscando novas associações por meio de um preciso "desenho dos movimentos". Tais aspectos geraram, por sua vez, novos "elementos" e "procedimentos de confecções" das ações físicas.

2.2.2. Rudolf Laban: O Esforço *e o Corpo do Espaço*

Rudolf Laban (1879-1958), após ter tido experiências com várias formas de arte em sua formação (pintura, escultura, música...), estabelece o primeiro contato com o teatro em 1894[68]. Sob a orientação de um aluno de segunda geração de Delsarte, juntamente com um grupo de pessoas interessadas, toma conhecimento de sua prática e teoria. É a partir daí, e de influências da ginástica rítmica de Dalcroze, que Laban iniciará suas elaborações sobre um treinamento diferenciado para o bailarino, etapa fundamental para a constituição da futura Dança Livre *(Ausdruckstanz)*. Também como fruto das experiências anteriores com outras formas de arte, que já haviam conquistado um certo nível de autonomia e autorreferencialidade[69], Laban quer colocar a dança no mesmo nível, quer chegar ao essencial, à dança em estado puro.

Assim como Dalcroze, Laban também está ligado ao contexto e aos valores da *Lebensreform*. Sob a influência do pessimismo em relação à civilização ocidental presente em autores como Spengler e

67. J. Guinsburg, "Stanislávski-Meierhold: Uma Relação Antitética", *Stanislávski, Meierhold & Cia.*, *op. cit.*, p. 85.

68. Laban trabalha como assistente de direção no teatro de sua cidade, Pozsony, Hungria.

69. Basta pensar nas pinturas e esculturas cubistas de Picasso ou na música dodecafônica de Schoenberg.

Simmel, o contato com a natureza através do corpo transforma-se em um valor a ser concretizado, mesmo não havendo como suporte objetivos e necessidades claramente definidas.

Do ponto de vista teórico, Laban atuou em três direções: a Coreosofia – estabelecendo princípios filosóficos, de caráter ético e estético; a Coreologia – estudos das leis do movimento; e a Coreografia – estudo das sintaxes complexas e de sua transcrição. Tais teorizações eram consideradas por ele, como passíveis de aplicação em diferentes áreas (trabalho, pedagogia, terapia, arte...) e envolvem todas as atividades humanas. Em termos práticos, Laban desenvolveu seu trabalho praticamente em sucessão cronológica, em três vertentes principais: a *Tanzbühne*; os trabalhos corais (os "corais em movimento", criados e desenvolvidos no Monte Verità); e o "Teatro Total" (*Tanz-Ton-Wort* – Dança-Som-Palavra), além de ter codificado um sistema de notação para a dança, a *Kinetographie* ou *Labanotation*.

Para podermos tratar do conceito de *esforço* em Laban, e de seu trabalho com relação ao espaço, devemos primeiramente examinar seu conceito de *movimento* e seus princípios constitutivos.

Laban considera o movimento como sendo o principal meio de expressão humana, que abrange o tangível e o intangível das necessidades do homem, função esta não concretizável pela palavra. Ele estrutura a análise do movimento a partir de quatro fatores: Peso, Tempo, Espaço e Fluência. Por meio de tabelas, define as propriedades de cada um desses fatores e das possíveis combinações entre eles.

Na tabela 1 – Corpo –, Laban localiza as partes e regiões estruturalmente, descrevendo exercícios que auxiliam a compreensão dos elementos envolvidos, tais como posição, transferência de peso, direções e planos. Examina também os movimentos combinados e define o conceito de *gesto*, analisando-o com ações sucessivas e simultâneas. "Os gestos são ações das extremidades, que não envolvem nem transferência nem suporte de peso"[70].

Na tabela 2 – Espaço –, Laban detalha aspectos como direção e plano, e acrescenta outros elementos: extensão, percurso, velocidade, tempo-ritmo e movimentos vibratórios. Na tabela 3 – Tempo –, diferencia as suas modalidades e examina dois aspectos: energia e acentuação. Na tabela 4 – Peso –, analisa os diferentes graus de tensão e os elementos já descritos anteriormente, agora sob o ponto de vista do peso. Na tabela 5 – Fluidez –, estabelece diferentes parâmetros necessários à observação das ações corporais, definindo modalidades de fluxo, controle e ação, e os resultados presentes no corpo. Na tabela 6 – Esforço –, examina os fatores de movimento necessários à compreensão do

70. R. Laban, *Domínio do Movimento*, São Paulo, Summus Editorial, 1978, p. 60.

esforço. Na tabela 7, verifica os significados dos fatores do movimento, cada um especificamente e em relação (entre dois e entre três)[71].

Além dos aspectos tratados nas tabelas descritas, Laban também analisa as *ações corporais complexas*, nas quais estão presentes as torções e o equilíbrio instável. Tais ações têm como elemento principal o tronco, que contém por sua vez os dois centros corporais (centro de gravidade: zona pélvica; e centro de leveza: zona do externo) e o ponto de suporte.

A partir das informações descritas acima, vejamos como Laban descreve o esforço. Em várias passagens de seus textos, Laban oscila entre a atribuição a tal conceito, ora de uma função analítica, específica; ora de uma função sintética.

> Os impulsos internos, a partir dos quais se origina o movimento, [...] são denominados "esforço"[72].

Aqui vemos o esforço definido como sendo um impulso interno gerador do movimento. Mas se examinarmos outras passagens dos textos, além da maneira como está configurada a tabela 6 descrita acima, vemos que o esforço adquire um caráter sintético, que está presente em todas as ações humanas, e envolve os outros fatores de movimento.

> Parece que as características de esforço dos homens são muito mais variadas e variáveis do que a dos animais[73].

Gráfico do Esforço[74]

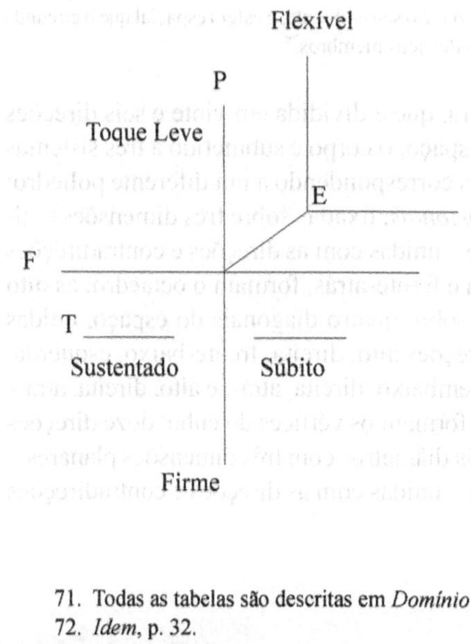

Representação dos Quatro Fatores de Movimento, cada um dos quais com seus dois elementos (P= Peso; E= Espaço; F= Fluência; T= Tempo)

71. Todas as tabelas são descritas em *Domínio do Movimento*.
72. *Idem*, p. 32.
73. *Idem*, p. 33.
74. *Idem*, p. 126.

Não seria de surpreender que surgissem conflitos em maior número e intensidade nos seres humanos, dotados que são da capacidade de combinar inúmeras – e frequentemente contraditórias – combinações de qualidades de esforço[75].

Os componentes constituintes das diferenças nas qualidades de esforço resultam de uma atitude interior (consciente ou inconsciente) relativa aos seguintes fatores de movimento: Peso, E*spaço, Tempo e Fluência*[76].

Vemos, então, que para Laban o esforço pode ter diferentes modalidades de existência: enquanto impulso que gera o movimento; e enquanto qualidade resultante das possíveis combinações entre os fatores de movimento. Nesse sentido, o esforço torna-se um importante parâmetro de observação, auxiliando não somente o entendimento do comportamento cotidiano, como também a criação expressiva e artística.

[...] o ator ou o mímico tem condições de representar um personagem e suas circunstâncias, se souber o suficiente de suas características intrínsecas de esforço[77].

No que diz respeito ao espaço, Laban escreveu dois textos fundamentais: *Choreographie*, de 1926, e *Choreutics*, editado em 1966. O primeiro, que utiliza ainda muitas referências ao balé clássico, é quase um esboço do segundo, este mais estruturado em termos dos elementos específicos da estética labaniana. Laban distingue primeiramente o espaço em geral daquele que circunda o corpo e é acessível a este. A tal espaço, que envolve o corpo, deu o nome de *cinesfera*.

O corpo humano é totalmente orientado sobre si mesmo. Está livre no espaço. A sua única fonte, se assim se pode dizer, é o seu ambiente, e esfera espacial que o circunda e no interior da qual ele pode estender seus membros[78].

Internamente à cinesfera, que é dividida em vinte e seis direções que irradiam do centro do espaço, o corpo é submetido a três sistemas de referência, cada um deles correspondendo a um diferente poliedro:

As seis direções *dimensionais*, fixadas sobre três dimensões – altura, largura e profundidade – unidas com as direções e contradireções alto-baixo, esquerda-direita e frente-atrás, formam o octaedro; as oito direções diagonais fixadas sobre quatro diagonais do espaço, unidas com as direções e contradireções alto, direita, frente-baixo, esquerda, atrás, alto, esquerda, frente-embaixo, direita, atrás, e alto, direita, atrás-embaixo, esquerda, frente, formam os vértices do cubo; doze direções diametrais, fixadas sobre seis diâmetros com três dimensões planares – vertical, horizontal e sagital – unidas com as direções e contradireções

75. *Idem*, pp. 33-34.

76. *Idem*, p. 36.

77. *Idem*, p. 32.

78. V. Maletic, "La teoria dello spazio di R. Laban", em *Alle Origini della Danza Moderna*, organizado por Eugenia Casini-Ropa, Bologna, Il Mulino, 1990, p. 200.

Mary Wigman em *Hexentanz* (Mitch Dance), 1914.

alto, direita-embaixo, esquerda-alto, esquerda-embaixo, direita, esquerda, frente-direita, atrás, direita, frente-esquerda, atrás, frente, alto-atrás, baixo, frente, baixo-atrás, alto, intersecando-se formam o icosaedro.

As direções são ligadas a dois estados de equilíbrio: estável ou móvel. As direções dimensionais são prevalentemente estáveis; as diagonais favorecem a instabilidade pois deslocam o centro do corpo fora da base de apoio. As direções diametrais podem colocar acento seja sobre a estabilidade seja sobre a mobilidade, dependendo de cada configuração. Laban também fixou *escalas* e *anéis*: sequências de movimentos que têm como objetivo o exercício e a assimilação gradual dos diferentes percursos direcionais, e que podem ser ligadas centralmente, perifericamente e transversalmente.

Laban, por um lado serviu-se de poliedros para codificar as direções, escalas e anéis, e as sequências dos movimentos, desvendando assim o corpo do espaço. Mas por outro, através dos elementos, das dinâmicas e tensões contidas em tais sequências, ele construiu um sistema expressivo que provoca uma inversão: não é mais somente o espaço que contém o corpo e o define, mas também o corpo passa a construir e definir o espaço. Para isso, porém, ele deve ser um corpo que conhece a configuração e qualidades dos esforços.

> A fim de discernirmos a mecânica motora intrínseca ao movimento vivo, no qual opera o controle intencional do acontecimento físico, é útil denominarmos a função interior que dá origem a tal movimento. A palavra empregada aqui com esse sentido é o "esforço"[79].

Laban considera o movimento e, consequentemente, o esforço, enquanto componentes da *ação*.

> [...] a artista interpretando o papel de Eva pode colher a maçã de várias maneiras, usando movimentos de variada expressividade. Pode fazê-lo ávida e rapidamente ou lânguida e sensualmente. Pode também colhê-la com uma expressão destacada no braço estendido e na mão crispada, em seu rosto e em seu corpo. Muitas outras são as formas de ação, cada uma delas podendo ser caracterizada por um tipo diferente de movimento[80].

O esforço, portanto, "que pode ser transmitido mais facilmente que os pensamentos"[81], é o elemento que gera o movimento, seu impulso interior; é a resultante das combinações entre os fatores de movimento; é o elemento que caracteriza o homem individualmente e o diferencia dos outros; e é também o elemento responsável pela produção do movimento "vivo".

Se pensarmos em termos de ação física, pode-se então dizer que Laban, através do conceito de esforço e de sua "teoria do espaço",

79. R. Laban, *op. cit.*, p. 51.
80. R. Laban, *O Domínio do Movimento*, *op. cit.*, p. 19.
81. R. Laban, *Effort*, London, Macdonald & Evans, 1965, p. 66.

rompe a percepção genérica em relação às *qualidades presentes nas ações*, fazendo-nos compreender que tais qualidades, responsáveis pela diferenciação entre os seres humanos em termos expressivos, são resultantes de combinações entre os "fatores de movimento" – espaço, tempo, peso e fluência. Dessa forma, ele nos fornece novos "elementos" e "procedimentos" para sua confecção.

2.2.3. Antonin Artaud: A Respiração e a Materialização dos Sentidos

Em Artaud (1896-1948), por intermédio de seus escritos e dos documentos que registram sua prática teatral, pode-se reconhecer um deslocamento de foco nas reflexões sobre o teatro, um deslocamento que será determinante para o desenvolvimento dessa forma de arte no século XX. Contrário à imposição da palavra como única matriz geradora do espetáculo, o artista francês coloca em evidência a importância dos outros elementos presentes na encenação para o alargamento das possibilidades de significação do teatro: o ator, com seu corpo e sua voz; a iluminação; as sonoridades da música e da palavra; o figurino; e o espaço.

Artaud buscou, assim como Wagner, um "teatro total". Porém, as duas concepções diferenciam-se em seus fundamentos. Na *Gesamtkunstwerk* wagneriana, todos os elementos do espetáculo deveriam estar a serviço da "arte maior": a música. Artaud, por sua vez, influenciado pelas estéticas teatrais orientais, apesar de reconhecer na música princípios fundamentais para a estruturação do gesto e da palavra, não estabelece uma hierarquia entre os meios de expressão utilizáveis em cena. "Cada um desses meios tem uma poesia própria, intrínseca, e também uma espécie de poesia irônica que provém do modo pelo qual se combina com os outros meios de expressão; [...]"[82]

Vejamos, nesse sentido, como Artaud concebe a utilização de alguns desses meios.

A palavra

Diferentes etapas constituem a relação de Artaud com a palavra e com o texto. Após reconhecer neste último uma fonte infinita de estímulos para a construção da cena, ele buscou instaurar um processo de metaforização da palavra a partir da construção de imagens que deveriam acompanhar a sua execução. Tais imagens requalificariam a palavra. Posteriormente, Artaud busca a desintegração desse meio expressivo, na escrita, e, mais especificamente, na sintaxe[83].

82 A. Artaud, *O Teatro e seu Duplo*, São Paulo, Max Limonad, 1984, pp. 52-53.

83 As diferentes etapas de trabalho de Artaud com a palavra são detalhadamente descritas em Alain Virmaux, *Artaud e o Teatro*, São Paulo, Perspectiva, 1978, pp. 76-112.

Em sua prática teatral, Artaud não condena a utilização da palavra, mas sim a submissão da encenação ao texto.

> Em todo caso, e quero dizer isto logo, um teatro que submete ao texto a encenação e a realização, isto é, que submete ao texto tudo o que é especificamente teatral, é um teatro de idiotas, de loucos, invertidos, gramáticos, verdureiros, antipoetas e positivistas, isto é, um teatro de ocidentais[84].

Para ele, tal submissão se dá à medida que a encenação, com seus elementos, se reduz a uma simples ilustração dos significados mais óbvios presentes no texto. O ator, executando as palavras do texto, deve revelar seus aspectos inusitados, recônditos. Mas para isso é necessário que desenvolva uma habilidade específica: não é somente o significado que deve conduzir a utilização da palavra, mas principalmente as possibilidades ligadas ao nível de seu "significante". É a partir da exploração dos elementos presentes no significante, as quais produzem as entonações e as sonoridades – timbres, extensão vocal, alturas, intensidades, ritmos – que Artaud reconhece como possível a construção de uma nova palavra para a cena. Uma palavra presente em toda sua materialidade, que desencadeia emanações sensíveis, as quais atuam diretamente sobre a percepção do espectador. "[...] aquilo que o teatro ainda pode extrair da palavra são suas possibilidades de expansão fora das palavras, de desenvolvimento no espaço, de ação dissociadora e vibratória sobre a sensibilidade"[85].

As palavras devem ser, na nova linguagem do teatro buscada por Artaud, assim como nos sonhos, encantações. "Abandonando as utilizações ocidentais da palavra, essa linguagem faz, das palavras, encantações"[86].

O gesto

Em seus escritos, Artaud parece atribuir ao gesto diferentes significados. Ele o utiliza, por exemplo, para descrever a maneira como determinados fenômenos se manifestam, sejam eles artísticos ou não.

> Ou fazemos com que todas as artes se voltem para uma atitude e uma necessidade centrais, encontrando uma analogia entre um gesto feito na pintura ou no teatro e um gesto feito pela lava no desastre de um vulcão, ou devemos parar de pintar, de vociferar, de escrever [...][87].

Ele o utiliza, também, para definir o jogo de equivalências sinestésicas presentes no teatro de Bali. "[...] é o caso de um som como no Teatro de Bali, que equivale a um gesto [...]"[88].

84 A. Artaud, *op. cit.*, p. 55.
85 *Idem*, pp. 114-115.
86 *Idem*, p. 116.
87 *Idem*, p. 104.
88 *Idem*, p. 53.

As Cruzes de Madeira, de R. Bernard (1932). Artaud representa um soldado delirante que acaba de escalar a trincheira para vociferar os alemães: "Vão à merda, monte de vacas". Seus companheiros o arrancam do parapeito. Ele fica desvairado (atrás dele, Charles Vanel). (Col. R. Bernard)

Uma vez mais sob a influência das linguagens cênicas orientais, Artaud atribui ao gesto a função de não representar palavras.

Por "pantomima não pervertida" entendo a pantomima direta onde os gestos, em vez de representarem palavras, corpos de frases, como em nossa pantomima europeia [...] representam ideias, atitudes do espírito, aspectos da natureza, e isso de modo efetivo, concreto, isto é, evocando sempre objetos ou detalhes naturais, como essa linguagem oriental (teatro de Bali) [...][89].

O gesto, nesse caso, é denominado "concreto".

É que ao lado da cultura pelas palavras existe a cultura pelos gestos. Há no mundo outras linguagens, além de nossa linguagem ocidental que optou pelo despojamento, pela secura das ideias e na qual as ideias nos são apresentadas em estado inerte sem acionar, de passagem, todo um sistema de analogias naturais como nas linguagens orientais. [...] esses gestos concretos devem ser de uma eficácia forte o bastante para produzir o esquecimento até da necessidade da linguagem falada[90].

Mas, para o criador do Teatro da Crueldade, o gesto não era somente um elemento de linguagem que antecede a palavra ou que prevalece sobre ela. O gesto para ele é a célula da nova linguagem cênica. "A gramática dessa nova linguagem ainda deve ser encontrada. O gesto é sua matéria e sua cabeça e, se quiserem, seu alfa e ômega"[91].

Nessa nova linguagem, que busca ter acesso aos aspectos recônditos da realidade, o gesto adquire o valor de ísca de tais aspectos. A realidade, para Artaud, parece ter, em sua natureza, um caráter "atroz". O gesto, assim, seria o instrumento que pode fazer emergir esse substrato da realidade. "Esta ligação mágica é um fato: o gesto cria a realidade que evoca; e esta é por natureza atroz, só para quando produziu seus efeitos"[92].

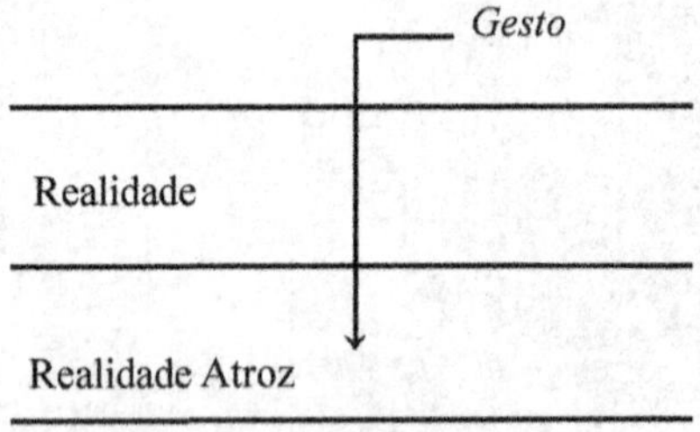

O gesto e a palavra parecem ser os elementos mais importantes da atuação do ator, para Artaud. Mas não podemos falar de atuação, neste

89. *Idem*, p. 54.
90. *Idem*, p. 139.
91. *Idem*, p. 141.
92. *Idem*, p. 195.

caso, sem mencionarmos um terceiro elemento: a respiração. Na relação entre o gesto e a palavra, a respiração assume um papel importante, à medida que, para o artista francês, ela é responsável pelo resgate e pela manutenção da vida do que é executado pelo ator em cena. "O que a respiração voluntária provoca é uma reaparição espontânea da vida. Como uma voz nos corredores infinitos em cujas margens dormem guerreiros"[93].

A respiração para ele seria também o conector entre a execução física e os processos interiores do ator. Nesse sentido, a respiração torna-se o elemento responsável pela transformação da ação em ação física, tal como definida neste trabalho. "A respiração acompanha o sentimento e pode-se penetrar no sentimento pela respiração, sob a condição de saber discriminar, entre as respirações, aquela que convém a esse sentimento"[94].

No que diz respeito à ação física, o artista francês contribui para o seu desenvolvimento enquanto conceito, à medida que utiliza como "matrizes geradoras" de ações, os diferentes "duplos" do teatro – a ciência, a metafísica, a alquimia, a cultura, a peste, os teatros orientais. Além disso, reconhece a importância da respiração como "elemento de confecção" da ação, que liga a execução exterior aos processos interiores do ator. O autor de *O Teatro e seu Duplo* menciona ainda vários "procedimentos" e princípios que devem ser utilizados no processo de atuação do ator: a importância da música; a construção de sinestesias como elo de ligação entre os elementos do espetáculo; a necessidade de se fazer dos gestos e ações, signos.

Para Artaud, a experiência teatral deve ir além do exercício puramente intelectual. Através de suas elaborações teóricas e de sua prática, o teatro volta-se, assim como já ocorrido com as outras formas de arte, para o específico de suas possibilidades expressivas, as quais, antes de contar uma história, devem agir sobre os sentidos.

> Digo que a cena é um lugar físico e concreto que pede para ser preenchido e que lhe façam falar sua linguagem concreta. [...] Digo que essa linguagem concreta [...] deve primeiro satisfazer aos sentidos[95].

2.2.4. *Étienne Decroux: O Ator Dilatado*

As elaborações teóricas de Decroux são fruto de uma longa experiência prática, como ator, mimo e pedagogo, experiência esta que

93. *Idem*, p. 166. Artaud descreve a respiração a partir do ponto de vista presente na Cabala, ver p. 165.
94. *Idem*, pp. 166-167.
95. *Idem*, p. 51.

teve início na escola dirigida por Jacques Copeau e Suzanne Bing: o Vieux-Colombier[96].

Para compreendermos sua colaboração no que diz respeito às *ações físicas*, é necessário descrever, mesmo que de maneira sumária, alguns aspectos presentes em sua visão sobre a arte do mimo.

Decroux, antes de tudo, busca deixar claro as diferenças entre o seu ponto de vista e as referências cênicas já existentes: Gordon Craig; o Teatro "de Prosa"; e a Dança. No que diz respeito ao Teatro, Decroux critica o "império do texto", que vem escrito antes da confecção do espetáculo; em que a palavra parece prevalecer injustificadamente, pois o ator não pode abrir mão de sua corporeidade em cena. E é, portanto, consequência de tal fato que a arte do ator, arte esta que define a existência do Teatro, tornou-se "anêmica". Para Decroux, a palavra não pode acompanhar o "movimento da mente", "o movimento da alma", segundo ele, função principal da arte. Só o corpo pode concretizar tal objetivo. Mas para isso o corpo não pode representar a si próprio, como no realismo espontaneísta, criticado por ele, mas deve representar algo diverso.

> Um homem condenado a parecer justamente um homem, um corpo imitando um corpo. Isto pode ser agradável, mas para ser considerada arte não é suficiente que algo seja meramente agradável. Para ser considerada arte, a ideia da coisa precisa ser representada por outra coisa[97].

O corpo, nesse sentido, é por Decroux dissecado e seus processos expressivos são revistos. A expressividade do ator não deve mais concentrar-se onde prevalecera até então, ou seja, no rosto e nas mãos, mas deve, sim, concentrar-se no tronco. Do tronco portanto (e de sua estrutura portante – a coluna vertebral), partirão os movimentos e os estímulos que construirão a expressividade do ator. Tais movimentos, ou atitudes – como prefere denominar – serão executados dentro de geometrias precisas, sendo tal aspecto o que diferenciaria o mimo da dança.

No que diz respeito a Gordon Craig, Decroux o considera uma referência essencial para a formulação das próprias ideias. Nesse sentido, Decroux chega a adotar alguns dos princípios elaborados pelo artista inglês: o controle da emoção, a importância das imagens, o trabalho com os símbolos, a utilização de princípios presentes em outras formas de arte... Mas, ao mesmo tempo, ele reconhece as diferenças existentes entre ele e o elaborador da *supermarionete*, sobretudo no que diz respeito ao ator. Decroux discorda de Craig no que se refere às possibilidades do corpo em relação à mente. Enquanto Craig vê com pessimismo a possibilidade do

96. A disciplina que deu origem à futura prática do mimo era chamada nessa escola "máscara". Decroux percebe as possibilidades específicas da arte do mimo quando assiste a apresentação de um espetáculo com os alunos dessa disciplina (1924).

97. E. Barba e N. Savarese, *A Arte Secreta do Ator*, Campinas, Hucitec, 1995, p. 15.

corpo do ator acompanhar o dinamismo da mente, para o artista francês, o corpo pode chegar não somente a responder aos comandos da mente como também ser uma espécie de espelho de seus movimentos. E tal capacidade pode, segundo ele, ser adquirida através de um treinamento, uma ginástica adequada à construção deste novo ator, o mimo corpóreo.

> Na minha opinião pode-se sair desse impasse formal supondo que, quando afirma a impotência do corpo, Craig tem em mente somente as dificuldades, certamente grandes, mas não insuperáveis, que o corpo experimenta quando tenta obedecer ao comandos da mente. Eis aqui o meu raciocínio:
>
> *1.* Se a marionete é ao menos a imagem do ator ideal, é preciso tentar adquirir as virtudes da marionete ideal.
>
> *2.* É possível adquirir tais virtudes somente praticando uma ginástica adequada à função prevista, e isso nos leva ao assim chamado mimo corpóreo[98].

Vejamos agora quais são os aspectos relacionados direta ou indiretamente à ação física, que podemos extrair do discurso e da prática de Decroux.

Um *primeiro aspecto*, como vimos, está ligado a uma espécie de inversão, de "deslocamento de função expressiva", no que diz respeito à valorização das partes do corpo: não mais o rosto e as mãos, mas sim o tronco será o núcleo expressivo, com os braços e as pernas reagindo como uma espécie de prolongamento de suas linhas de força.

> O que eu chamo busto, é o corpo inteiro, incluindo os braços e as pernas [...] contanto que braços e pernas se movam somente em função do estímulo gerado pelo busto, prolongando a sua linha de força, como uma corda afrouxada termina por tensionar-se quando lançamos a pedra amarrada em sua extremidade[99].

Um *segundo aspecto* relacionado à ação física envolve três elementos que interagem: as oposições musculares; o impulso e o esforço. Decroux fala do "disparo" ou "impulso" como um "mergulho na ação" e o relaciona a um jogo muscular – chama-o também "desigualdades da força muscular" – que envolvem torções, tensões e variações rítmicas. O esforço, por sua vez, tem a função de intensificar as tensões e oposições musculares.

> O jogo muscular do artista de mimo se dá frequentemente através de impulsos. Assim como acontecia com os mimos antigos, e também com os atores chineses. E o que é o impulso? É um mergulho na ação. [...]
>
> O pensamento não deve submeter-se à força de gravidade [...] O corpo que quer adaptar o próprio movimento àquele do pensamento, descobre algumas diferenças de força muscular que o estimulam a acelerar quando o pensamento desacelera, a desacelerar quando o pensamento acelera, a não mover-se em uma velocidade uniforme, quer dizer: constante. [...]
>
> No que diz respeito ao braço, o ator ou se serve mal dele, ou demais, ou ao mesmo tempo mal e demais. Serve-se mal porque: quanto menos técnica se possui, mais

98. É. Decroux, *Parole sul Mimo*, Milano, Edizioni del Corpo, 1992, p. 27.
99. *Idem*, p. 61.

ela aparece. Serve-se demais porque: num corpo não educado o braço se desloca sem esforço [...][100]

O *terceiro aspecto* refere-se ao "equilíbrio instável". Esse aspecto, por sua vez, está ligado ao impulso e às oposições musculares, enquanto possível gerador e dinamizador destes últimos. Decroux associa tal aspecto à negação da força de gravidade. "O equilíbrio que seria instável para o espectador, que deve ser mantido, e que parece estável para o ator, torna divina a sua interpretação porque parece negar a sua condição terrestre"[101].

Um *quarto aspecto*, relacionado à logica de construção das ações, é o "princípio de equivalência". As ações cotidianas, executadas na realidade, contêm tensões, oposições e esforço que agem em determinadas partes do corpo. Com o princípio de equivalência, essas tensões, oposições e esforço são deslocados para outras partes do corpo, tornando-os assim, equivalentes daqueles presentes na ação executada na realidade. Vejamos o exemplo da *belle courbe (bela curva):*

Quando alguém empurra algo na realidade cotidiana (Fig. 1), o peso do corpo está normalmente apoiado na perna posterior e nos braços que estão empurrando para a frente. Quando o "empurrão" é realizado por um mímico (Fig. 2), o esforço não pode ser feito da mesma maneira porque a falta de oposição concreta causa o desaparecimento de uma das bases de apoio. Porém, a mesma tensão do esforço pode ser encontrada na posição de Ingemar Lindh (mímico da escola de Decroux): ele mostra que está empurrando. Ele encontrou uma posição equivalente no seu corpo[102].

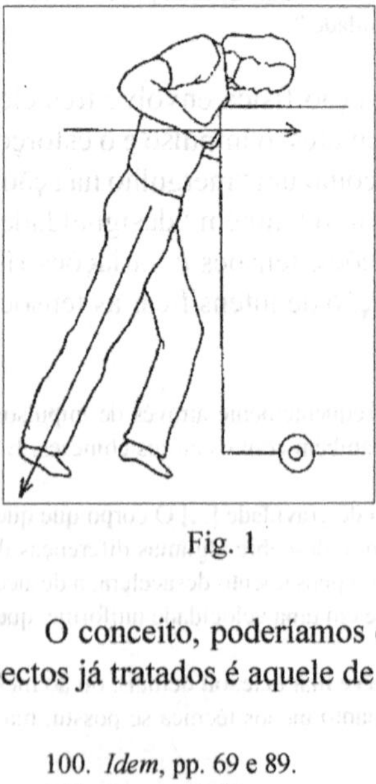

Fig. 1

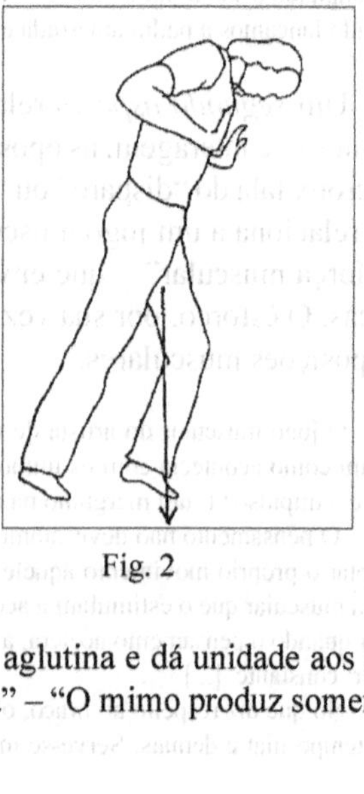

Fig. 2

O conceito, poderíamos dizer, que aglutina e dá unidade aos aspectos já tratados é aquele de "presença" – "O mimo produz somente

100. *Idem*, pp. 69 e 89.
101. *Idem*, p. 155.
102. E. Barba e N. Savarese N., *A Arte Secreta do Ator*, *op. cit.*, p. 96.

presenças..."[103]. Por meio da eliminação da palavra e da intensificação de sua presença, o corpo do ator transforma-se em um corpo vivo, não ilustrativo – ou anedótico, como diz Decroux.

Podemos reconhecer, a partir dos aspectos tratados, especificidades na prática e na elaboração teórica de Decroux, sobretudo no que diz respeito ao "modo", ou à confecção da ação física: a escolha do tronco como núcleo expressivo do corpo; a interação entre impulso, esforço e tensões musculares; o equilíbrio instável e o princípio de equivalência. Considero tais princípios e elementos não como específicos da linguagem do mimo, mas sim como elementos e procedimentos utilizáveis na confecção da ação física em qualquer linguagem. Nem mesmo o mestre francês pensava o mimo de maneira obtusa. Para ele "o mimo é o ator dilatado"[104].

Étienne Decroux: "A mímica é um retrato de trabalho".
Étienne Decroux em um típico *déséquilibre* da mímica.

2.2.5. *Bertolt Brecht:* Gestus *– Síntese Crítica e a Dialética na Ação*

Reler mais atentamente os escritos de Brecht foi um processo no mínimo revelador. Tratando-se do fenômeno teatral contemporâneo, muitos aspectos de sua obra podem ser reconhecidos ainda hoje como pertinentes, ultrapassando assim os possíveis limites frequentemente

103. E. Decroux, *op. cit.*, p. 135.
104. *Idem*, p. 65.

impostos pela cultura que ainda prevalece: a cultura de consumo. As reflexões e elaborações de Brecht vão muito além da atitude, às vezes explicitamente didática, de algumas de suas peças e de alguns de seus escritos.

Antes de examinar o conceito de *gestus* e suas implicações, é necessário, ao menos em linhas gerais, resgatar o quadro de suas teorizações, para em seguida, situar nesse âmbito, o conceito em questão.

Na base de suas teorizações, podemos reconhecer um ponto de vista específico à respeito da arte e do teatro, que o aproxima de Diderot e Lessing: o teatro deve associar em sua prática diversão e instrução. Por instrução, aqui, deve-se entender a estimulação de um exercício crítico, que pode levar o público a reconhecer o homem e a realidade não como definitivos e imutáveis, mas como passíveis de transformação.

É a partir dessa base que Brecht elabora conceitos e seus mecanismos de tradução cênica, reconhecendo parentescos e diferenças. Diferenças com relação ao teatro aristotélico de matriz naturalista, que, por intermédio da tentativa de identificação dos atores em relação às personagens, coloca a realidade como definitiva e imersa somente no fluir e na catarse das paixões. Ele reconhece, por outro lado, semelhanças entre suas concepções e várias formas teatrais: ocidentais, como o teatro elisabetano e o teatro barroco alemão; e orientais, sobretudo aquele chinês – a Ópera de Pequim. Nessas formas teatrais Brecht localiza a existência de aspectos que constituem o que denominará "teatro épico". Somente à medida que os processos narrativos forem acentuados, poder-se-á construir um teatro enquanto divertimento "forte", que gera reflexões e descobertas por parte do público.

A arte, para Brecht, deve transformar o homem, mas isso só é possível, segundo ele, quando o homem passa a reconhecer a si e à realidade que o envolve como passíveis de transformação, quando o homem passa a ver-se em uma existência historicizada. Compreender a natureza e a sociedade para poder dominá-las, haver controle sobre elas: esse é um de seus principais objetivos. Mas para isso é preciso que se lide com a realidade na sua complexidade, não amenizando as tensões, mas reconhecendo suas contradições. É nesse sentido que a atitude dialética se faz fundamental, tornando-se o eixo de suas práticas e teorizações. A partir de tal atitude, Brecht chegará à elaboração do *Verfremdungseffekt* – o *efeito de distanciamento* ou *estranhamento*.

O *efeito de distanciamento* torna-se então o meio através do qual os processos narrativos e a atitude dialética serão traduzidos cenicamente. Tal efeito, por sua vez, envolve inúmeros procedimentos que acompanharão praticamente todo o processo de construção das personagens e do espetáculo, desde a abordagem do "acontecimento" presente na obra, até a escolha e definição de cada gesto de uma personagem: leitura do texto na terceira pessoa, leitura do texto no passado e no futuro, leitura das rubricas em voz alta, execuções particularizadas das canções (*songs*)...

No que diz respeito ao processo de construção das personagens, Brecht o concebeu em três fases: a primeira, na qual o ator busca registrar as primeiras impressões, dúvidas e o reconhecimento das contradições da personagem; a segunda, que diz respeito ao mergulho do ator no processo de identificação com a personagem; e a terceira, que é quando o ator busca ver-se de fora, do ponto de vista da sociedade, intervindo dessa forma sobre a construção feita na fase anterior. Utiliza-se, nesse sentido, também das primeiras impressões, dúvidas e contradições surgidas na primeira fase. Nesse processo de construção da personagem, o ator do teatro épico, o ator dialético, produz o efeito de estranhamento por meio do tratamento dado ao "gesto social" ou *gestus*.

Por "gesto social" deve-se entender a expressão mímica e gestual das relações sociais que regulam a convivência dos homens de uma determinada época[105].

Ou seja, o *gestus* é o elemento concretizador do efeito de estranhamento. "O objetivo do efeito que estudamos (efeito de estranhamento) é o de estranhar o "gesto social" que está sob todo acontecimento"[106].

Como se pode constatar, a definição de *gestus* deixa em aberto grandes espaços de aplicação. De fato, Brecht refere-se ao "gesto" não como sendo um recurso ligado somente ao corpo do ator, mas como um conceito aplicável a outros elementos do espetáculo: o "gesto" da música, o "gesto" dos figurinos, do texto... Ele diferencia, neste sentido, "gesto" e "gesticulação".

Por "gesto" não se deve entender a gesticulação: não se trata de movimentos das mãos que têm a finalidade de sublinhar e de esclarecer, mas sim uma atitude de conjunto. "Gestual" é a linguagem que se baseia no gesto assim entendido: uma linguagem que demonstra determinadas atitudes daquele que as assume diante de outras pessoas"[107].

Para Brecht, além disso, é preciso estabelecer também a diferença entre "gesto" e "gesto social". Nem todo gesto é "social" para o artista alemão. Como dito acima, para ser "social" o gesto deve revelar aspectos referentes às relações entre os homens.

Certamente não é um gesto social aquele de defender-se de uma mosca: pode sê--lo, porém, aquele de defender-se de um cão, se por exemplo nele se exprime a luta de um homem vestido de maneira miserável contra alguns cães de guarda. As tentativas de não escorregar em uma superfície lisa podem produzir um gesto social somente se quem escorrega corre o risco de cair no ridículo, ou seja, coloque em risco a própria

105. B. Brecht, *Scritti Teatrali*, vol. 1, Milano, Einaudi, 1945, p. 181.
106. *Idem*, p. 181.
107. *Idem*, p. 251.

autoridade. [...] Frequentemente a arte tende a "dissocializar" o gesto. O ator não fica em paz enquanto não alcança aquele "olhar de cão surrado": porque aquele homem é simplesmente um "o homem"; o seu gesto é desprovido de qualquer qualificação de caráter social, é esvaziado de qualquer referência ou medida referente àquele homem particular em meio aos homens. O "olhar de cão surrado" pode tornar-se um gesto social somente se se pretende demonstrar como um homem pode, em função de determinadas manobras de seus semelhantes, ser reduzido a um animal[108].

No que diz respeito à dialética, ela está presente no gesto à medida que é através dele que as contradições presentes nas situações e nas personagens se evidenciarão. A personagem, para Brecht, deve agir fazendo com que o público perceba que as atitudes, os gestos executados em cada situação, poderiam ser diferentes. O homem não é uma marionete presa em um destino irreversível e imutável. Nesse sentido, como descrito anteriormente, o ator deve, desde o início, da leitura e dos primeiros ensaios, não buscar "entender" a personagem, no sentido de amenizar suas contradições, mas deve buscar o estranhamento e o estupor diante de suas atitudes. Os fatos usuais devem ser estranhados e transformados em fatos especiais, como Galileo o fez observando a lâmpada, proporcionando assim a apreensão do mundo, ainda muito pouco conhecido, segundo Brecht.

Ao gesto, Brecht ainda atribui uma outra função: aquela de traduzir os processos sensíveis e emocionais das personagens. Mas, assim como no teatro chinês, tais gestos devem ser calculados e elegantes. "Dos gestos propriamente nos ocuparemos depois; mas desde já devemos dizer que todos os elementos de natureza emocional têm de ser exteriorizados, isto é, precisam ser desenvolvidos em gestos"[109].

Não se trata aqui de uma operação formalista, esta criticada asperamente por ele em muitas ocasiões, mas de associar a emoção à reflexão. Citando Darwin[110] ("Expressão das emoções nos homens e nos animais"), Brecht reafirma a impossibilidade de observação dos fatos quando os vivenciamos de maneira emocionada. Daí a busca de mediação entre emoção e razão, sem com isso cair em uma interpretação fria. É preciso que o ator chegue a um equilíbrio, que mantenha uma tensão entre "vivência" e "demonstração", uma não anulando a outra.

Nada impede o ator de incutir na personagem os sentimentos que ela deve experimentar; o ator não é frio, ele também manifesta sentimentos, mas não necessariamente os mesmos das personagens[111].

Comentando as teorias de Stanislávski, reconhece uma possível complementariedade e intersecção entre as duas. O "superobjetivo"

108. *Idem*, pp. 251-252.
109. B. Brecht, *Estudos Sobre Teatro*, Rio de Janeiro, Nova Fronteira, 1978, p. 83.
110. B. Brecht, *Scritti Teatrali*, *op. cit.*, vol. 1, p. 186.
111. *Idem*, p. 185.

O *gestus* em *Arturo Ui*, de Brecht, no Berliner Ensemble. Com Peter Kalisch, Gerd Biever, Josef Kamper.

de Stanislávski faz com que a personagem saia de sua dimensão puramente individual, assim como a identificação entre ator e personagem é uma passagem essencial para a construção da personagem do teatro dialético.

A partir, então, do quadro exposto acima, podemos reconhecer inúmeros aspectos que podem iluminar possibilidades específicas relacionadas ao conceito de ação física. Sem deixar de ser um processo psicofísico, a ação adquire em Brecht outros parâmetros de execução. Como pode-se notar, o que ele chama de "gesto", envolve tanto a atitude do ator com relação aos atos da personagem, quanto a sua execução física. Por intermédio do estranhamento e do estupor buscado pelo ator na construção da personagem, ele definirá a confecção mais adequada de cada ação. Tais ações, por sua vez, serão executadas sobre um fio em tensão, que tem como extremidades – a vivência e a demonstração, a identificação e o estranhamento – e buscarão concretizar uma atitude dialética a partir da explicitação das contradições e do caráter contingente dos atos da personagem. Tais indicações estão relacionadas aos "procedimentos de confecção" da ação. Além disso, Brecht, que vê a arte como um "filtro de realidade" e não como sua reprodução, reconhece explicitamente as possibilidades que o conceito stanislavskiano de ação física pode oferecer para suas elaborações.

> As ações físicas – para usar o termo de Stanislávski – não servem somente para construir realisticamente o papel; tornam-se o ponto de orientação essencial para o papel [...] Isto deve ser pensado e estudado em profundidade porque se trata de um passo absolutamente essencial[112].

O processo de *confecção das ações*, porém, não se dá em termos de uma intervenção sobre a fisiologia do corpo do ator, mas sim enquanto traduções físicas e vocais de conceitos, percepções e reflexões. Tais procedimentos, que regem a confecção das ações, nesse sentido, correm o risco de produzir resultados estéreis, perdendo dessa forma o que Brecht sempre considerou prioritário: o contato vivo com o público. O corpo, na prática teatral de Brecht, como faz notar Patrice Pavis[113], corre o risco de tornar-se obediente demais, e portanto sem vida, mantendo-se como um simples executor de elaborações intelectuais, e o *gestus*, um gesto sem corpo[114]. Como descreve ainda Pavis, pode-se reconhecer em casos como os de Kurt Joos, Pina Baush e Hei-

112. B. Brecht, *Scritti Teatrali*, *op. cit.*, vol. II, p. 232.

113. P. Pavis, *ADE Teatro*. "El Gestus brechtiano y sus avatares en la puesta en escena contemporánea", *Revista de la Asociación de Directores de Escena de España*, n. 70-71, Madrid, octobre, 1998.

114. Tal risco não parece estar presente em alguns casos como aquele da atriz Helen Weigel. No caso da Weigel vemos nos registros audiovisuais existentes, um *gestus* incorporado. Porém, nos escritos de Brecht, não temos dados suficientes a respeito de uma possível intervenção do artista alemão sobre a execução física da Weigel.

ner Müller, resgates eficazes do *gestus*, um *gestus* incorporado no ator. Tal fato porém, não tolhe o valor do *gestus* e das teorizações de Brecht, em função de suas realizações, implicações e heranças.

2.2.6. Michael Tchékhov: A Incorporação das Imagens e Atmosferas. O Gesto Psicológico

No que diz respeito às teorizações de Michael Tchékhov, três são os aspectos que, ao meu ver, podem ser reconhecidos como contribuições para o desenvolvimento do conceito de ação física: o processo de *incorporação das imagens* e *atmosferas*, e o conceito de *gesto psicológico*. Examinaremos também alguns elementos constitutivos do movimento, elaborados por ele: suas qualidades e seus processos de ampliação e concentração.

O objetivo primeiro do artista russo foi aquele de revitalizar e aprofundar as conexões entre *corpo* e *psicologia*, que constituem, segundo ele, os requisitos necessários para que ator exerça seu ofício. Elabora, nesse sentido, alguns exercícios que possam estabelecer tal relação: execução de movimentos amplos e fechados; execução de movimentos a partir de um centro imaginário situado no peito; execução de movimentos buscando modelar o espaço existente à sua volta, construindo assim "formas móveis"; execução de movimentos seguindo os mesmos critérios, mas utilizando somente partes isoladas do corpo; execução de movimentos utilizando os mesmos critérios acrescentando as espécies – "modelar", "flutuar", "voar", e "irradiar"; executar sequências de movimentos ampliando-os e concentrando-os no espaço, ou na utilização das partes do corpo.

A incorporação das imagens

Utilizando-se no processo de construção da personagem, de imagens existentes ou criadas pela imaginação, o ator deve desencadear em si um processo de incorporação, de assimilação. O objeto de tal incorporação, a "imagem criativa", nesse sentido, deve ser o resultado de um trabalho constante que tem como objetivo a ativação da observação e da imaginação.

> Quanto mais o ator trabalhar sobre sua imaginação, robustecendo-a por meio de exercícios, mais cedo surgirá em seu íntimo uma sensação que poderá ser descrita como algo assim: "As imagens que vejo com o olho da mente têm sua própria psicologia, à semelhança das pessoas que me rodeiam" [...][115]

Para dar vida a tais imagens, o ator deve utilizar-se de perguntas que gerem visualizações cada vez mais detalhadas.

115. M. Tchékhov, *Para o Ator*, São Paulo, Martins Fontes, 1996, p. 30.

Para se completarem (as imagens criativas), para atingirem o grau de expressividade que satisfaça o ator, elas exigirão uma colaboração ativa. O que deve fazer o ator para aperfeiçoá-las? Deve fazer perguntas a essas imagens, como as faria a um amigo[116].

A partir da escolha e da construção das imagens, o ator deverá executar em primeira pessoa seus movimentos. O ator também pode, dessa forma, construir imagens complexas, como é o caso da personagem, a partir da execução de movimentos simples.

Imagine-se fazendo, inicialmente, algum movimento simples: erguer um braço, pôr-se de pé, sentar ou apanhar um objeto. Estude esse movimento em sua imaginação e depois concretize-o. Imite-o, por assim dizer, o mais fielmente que puder.

[...] Repita esse exercício até estar certo que seu corpo obedece em todos os detalhes, mesmo os mais insignificantes, ao que foi por você desenvolvido quando imaginou este movimento.

[...] Aplique o mesmo exercício para imaginar uma personagem de uma peça ou de um romance, começando com movimentos, ações e conteúdos psicológicos simples[117].

No processo de execução destes movimentos, o ator pode se utilizar seja das espécies de movimento assimiladas nos exercícios anteriores – modelagem, flutuação, voo e irradiação –, seja dos procedimentos de ampliação e redução dos movimentos.

A utilização de diferentes sensações e percepções, fruto da construção das "imagens criativas", tem também a função, segundo Tchékhov, de liberar o ator do risco de construir as personagens somente através do próprio intelecto. Assim como podem existir analogias, existem diferenças entre o ator e a personagem. Diferenças em relação ao modo de perceber as coisas, diferenças de elaboração das próprias experiências, diferenças entre lógicas, enfim. Se o ator não reconhece tais diferenças para buscar em seguida percorrer o espaço que existe entre ele e a personagem, ele corre o risco de produzir repetições de uma mesma personagem, uma vez que sua atividade criativa estará aprisionada em sua personalidade e em sua lógica pessoal. "É um crime acorrentar e aprisionar o ator dentro dos limites de sua (assim chamada) 'personalidade', [...] Usando somente seus maneirismos, o ator acaba destituído de imaginação; todas as personagens tornam-se-lhe a mesma"[118].

As atmosferas

As atmosferas, ou seja, os estados emocionais que estão presentes e envolvem as mais diferentes situações, devem, segundo Tchékhov, ser

116. *Idem*, p. 27.
117. *Idem*, p. 38.
118. *Idem*, p. 32.

atentamente observadas na vida e traduzidas em cena pelo ator, através de comportamentos e ações.

> [...] as atmosferas são ilimitadas e podem ser encontradas em toda parte. Cada paisagem, rua, casa ou sala; uma biblioteca, hospital, uma catedral, um ruidoso restaurante, um museu [...] cada fenômeno e cada evento possui sua atmosfera própria particular[119].

Além disso, as atmosferas têm a função de estimular o ator a partir do desenvolvimento de percepções não verbais e de construir uma comunhão entre atores e entre ator e público. A atmosfera *é a alma da performance*[120].

O gesto psicológico

Por meio das execuções dos movimentos e suas qualidades, geradores por sua vez da ação e do gesto, o ator pode atingir a própria esfera emocional. A partir de uma impressão geral sobre a personagem, o ator, como processo de estudo, deve buscar um "gesto global" que exprima todas as características presentes: o gesto psicológico (GP). A busca do GP pode dar-se em nível geral, mas pode também relacionar-se a momentos específicos da personagem. Dessa maneira, utilizando-se também das qualidades ou espécies dos movimentos, o ator chegará a uma ou mais "formas" (GP global ou GPs menores).

Existem duas classes de gestos, segundo Tchékhov, os usuais e os arquetípicos, que servem de modelo original para todas os gestos possíveis da mesma espécie. Ao contrário dos gestos cotidianos, os gestos psicológicos envolvem todo o corpo, têm uma forma definida, e devem ser executados com uma variação rítmica de dois tipos – lento/veloz, ou externo/interno. Todo GP requer uma execução precisa dos ritmos. Além disso, a utilização dos GPs representa uma alternativa à utilização da mente analítica: "Para começar, o ator deve fazer uma primeira tentativa de investigação de sua personagem, penetrar nela, a fim de saber quem vai interpretar no palco [...] Pode fazer isso usando sua mente analítica ou aplicando o GP"[121].

Portanto, no que diz respeito à incorporação das imagens e às atmosferas, vemos que as ações, que devem ser buscadas a partir dos movimentos, não estão inseridas necessariamente nas circunstâncias vividas pelas personagens presentes nos textos. As ações, transformadas assim em ações físicas, são a concretização de referências visuais e sensoriais, as quais deverão ser reproduzidas e justificadas pelo ator no processo de sua execução. Nesse sentido podemos reconhecer, em

119. *Idem*, p. 58.
120. *Idem*, p. 73.
121. *Idem*, p. 84.

Tchékhov diferentes *matrizes* de *elementos* e *procedimentos de confecção* de ações físicas, em relação àqueles examinados anteriormente: ações construídas a partir de imagens existentes, criadas ex-novo ou mistas; ações construídas a partir de sensações e percepções provenientes de fenômenos com diferentes graus de abstração.

No caso do "gesto psicológico", tal conceito também contribui para a ampliação daquele de ação física, à medida que reconhece a diferença entre o "gesto cotidiano" e o "gesto psicológico", além de

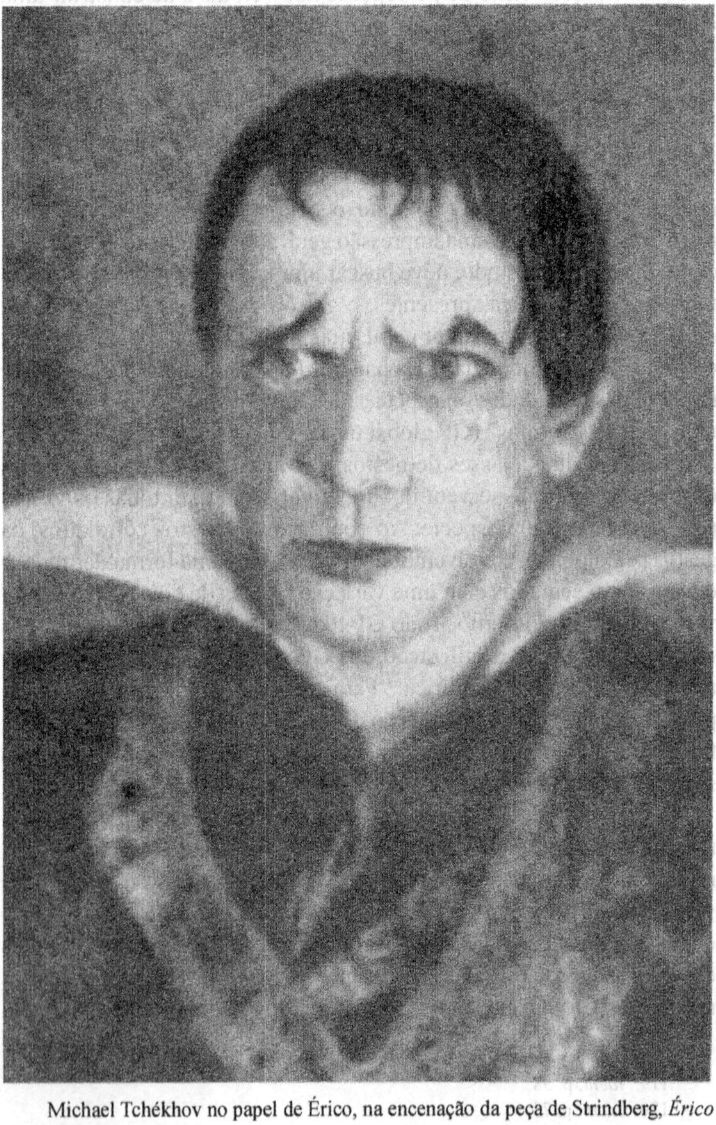

Michael Tchékhov no papel de Érico, na encenação da peça de Strindberg, *Érico XIV*, por Vakhtângov.

propor ulteriores diferenciações internas ao ritmo. Oferece, dessa forma, novos parâmetros, seja para pensarmos sobre o gesto, um gesto teatral, cênico, diferente da simples reprodução dos gestos cotidianos; seja para uma utilização mais complexa do ritmo.

2.2.7. *Jerzy Grotóvski: Os Impulsos e suas In/tenções*

Há muitas possíveis conexões que poderíamos estabelecer entre o trabalho de Grotóvski e Stanislávski: a centralidade das pesquisas sobre o trabalho do ator, a prioridade do trabalho do ator sobre si mesmo etc. Porém o elo de ligação mais fecundo é aquele que diz respeito às ações físicas.

Como vimos anteriormente, a ação física foi o objeto principal de reflexão de Stanislávski em sua última fase, quando da elaboração do novo método. Tal método é, por sua vez, utilizado por Grotóvski como ponto de partida do processo que foi considerado, por ele, uma continuidade, como sendo o que viria após o trabalho de Stanislávski.

> Grotóvski não empregou simplesmente uma técnica criada por Stanislávski. A relação é muito mais complexa. Grotóvski utilizou as ações físicas partindo do ponto em que Stanislávski interrompeu o trabalho porque morreu. Um dia falando comigo sobre seu trabalho com as ações físicas Grotóvski disse: "Não é exatamente o método das ações físicas de Stanislávski, mas aquilo que há depois[122].

O elemento que nos ajuda a compreender, ao mesmo tempo, a continuidade e as diferenças entre o trabalho dos dois artistas em questão, é o impulso. Como vimos, tal elemento já era reconhecido por Stanislávski como fundamental para a construção e a manutenção das ações físicas. Em várias passagens (ver item 2.1.1) Stanislávski afirma que o percurso dos impulsos é um caminho que vai do externo para o interno do corpo do ator. Este é o ponto que os diferencia quanto ao encaminhamento do trabalho sobre as ações físicas. Para Grotóvski, o percurso dos impulsos é o oposto: do interno para o externo.

> E agora, o que é o impulso? Im/pulso – lançar do interior. Os impulsos precedem as ações físicas, sempre. Então, os impulsos: é como se a ação física, ainda invisível no exterior, já tivesse nascido no corpo. Se souberem isto, construindo uma personagem poderão trabalhar sozinhos sobre as ações físicas[123].

Assim como para Stanislávski, o ator, segundo Grotóvski, pode exercitar-se sobre as ações físicas, executando-as somente em nível de impulsos.

122. T. Richards, *At work with Grotowski on Physical Actions*, London e New York, Routledge, 1995, p. 93.

123. Conferência feita por Grotóvski em Liège, Jan. 1986; em T. Richards, *op. cit.*, p. 94.

Sem que os outros percebam, pode-se treinar as ações físicas, e fazer as composições das ações físicas permanecendo no nível dos impulsos. Isso quer dizer que as ações ainda não aparecem mas estão no corpo, porque são im/pulso. Por exemplo: em um momento de meu personagem estou em um jardim sentado em um banco, alguém senta-se ao meu lado, eu o olho. Agora trabalho sobre este momento sozinho. Exteriormente – não estou olhando esta pessoa – faço somente o ponto de partida, o impulso de olhá-lo. Do mesmo modo executo o impulso de inclinar-me, de tocar a sua mão (o que Grotóvski faz é quase imperceptível), mas não o faço parecer plenamente uma ação. [...] Mas não exteriorizo. Agora caminho, caminho,... mas permaneço em minha cadeira. É somente assim que se pode treinar as ações físicas. Mas há mais; as vossas ações físicas serão assimiladas ainda mais pela vossa natureza se treinarem os impulsos, não as ações. Podemos dizer que a ação física quase nasceu, mas é ainda bloqueada, e assim, no nosso corpo, estamos "impostando" uma reação justa, assim como se imposta a voz[124].

O impulso para Grotóvski, no entanto, é algo que é lançado do interior do corpo e se estende em direção ao exterior, à sua periferia. Além disso, o artista polonês considera os impulsos como pertencentes a um processo, que chama de *corrente essencial de vida*. "A atitude de Grotóvski consiste em que o ator busque uma corrente essencial de vida; os impulsos estão enraizados profundamente 'dentro' do corpo, e depois se estendem para fora"[125].

Outro aspecto considerado importante pelo diretor polonês, também ligado ao impulso, é a *justa tensão*. Um impulso, para ele, surge sempre "em tensão". Isto é, quando pretendemos fazer algo, há já uma "tensão justa" dentro. Não se trata porém de um trabalho que envolve somente contrações musculares, mas sim o equilíbrio dinâmico entre tensão e relaxamento.

Não há intenção se não há uma mobilização muscular adequada.

Não é um estado psicológico, há algo que passa por um nível muscular no corpo, e que está em conexão com algum objetivo que está fora de você[126].

Não é, de maneira nenhuma, verdade que o ator deve estar somente bem relaxado. Muitos atores fazem uma quantidade enorme de exercícios de relaxamento. E quando estão sobre o palco, têm duas reações fatais: uma reação é que imediatamente tornam-se totalmente tensos. Quer dizer: antes de começar, relaxam, mas quando estão diante de dificuldades se contraem. A outra reação é que se tornam uma espécie de trapo, enfraquecidos sobre o palco. O processo da vida é um alternar-se de contração/descontração. Então o ponto não é só contrair ou só descontrair, mas encontrar este flu-xo, no qual aquilo que é necessário é contraído e aquilo que não é, está relaxado. [...] Se utilizamos o termo "élan" é verdade que na contração inútil perdemos uma enorme quantidade de élan. O ator que sabe eliminar as contrações inúteis pode suportar esfor-ços extraordinários sem cansar. Isto quer dizer: empregue as contrações musculares onde é realmente necessário. [...] Stanislávski disse que o ator, por causa de seu nervosismo profissional, tem um ponto no corpo em que contrai inutilmente. Assim, por exemplo, certos atores contraem aqui, um músculo da fronte, um outro contrai as costas, um outro o pescoço, um outro algum ponto inferior da coluna, um outro as pernas. E assim, se você pode descobrir o seu ponto de contração artificial, há a possibilidade de que as outras contrações inúteis relaxem[127].

124. *Idem*, p. 94.
125. T. Richards, *op. cit.*, p. 96.
126. Conferência feita por Grotóvski em Liège; em T. Richards, *op. cit.*, p. 96.
127. *Idem*, p. 97.

Akropolis, espetáculo de Grotóvski baseado em Wyspianski: Zygmunt Molik e Rena Mirecka.

Grotóvski, desta forma, revê a ação física a partir do reconhecimento de um novo percurso do impulso no corpo do ator e da conexão necessária existente entre impulso e a dinâmica tensão/relaxamento.

Outro aspecto, assinalado pelo diretor polonês, refere-se à relação entre 'ação física' e 'atividade':

> O que precisamos imediatamente entender é o que as ações físicas 'não são'. Por exemplo: limpar o chão, lavar pratos,... Elas não são ações físicas, elas são atividades. (...) Mas uma atividade pode 'tornar-se' ação física. Por exemplo, alguém entre vocês me faz uma pergunta que me causa embaraço (como normalmente acontece), então, eu busco ganhar tempo. Eu começo, assim, a preparar o meu cachimbo. Agora minha atividade se torna uma ação física, porque ela agora é minha arma: 'sim, eu estou realmente muito ocupado, eu preciso preparar meu cachimbo, limpá-lo, acendê-lo, para depois responder a sua pergunta...'[128]

Neste caso, portanto, uma 'atividade' pode tornar-se 'ação física' na medida em que esta última adquire uma função sígnica, ou seja, na medida em que se torna um 'signo'.

2.2.8. Eugenio Barba: Os Princípios Interculturais e a Subpartitura

Eugenio Barba, diretor do Odin Teatret e fundador da ISTA (International School of Theatre Anthropology), elaborando seus conhecimentos teatrais a partir de sua experiência pragmática – seu contato com Grotóvski, suas viagens ao Oriente, seu trabalho no Odin e na ISTA – busca sistematizá-los em uma disciplina: a Antropologia Teatral. Ele assim a define:

> Antropologia Teatral é o estudo do comportamento cênico pré-expressivo que está na base dos diferentes gêneros, estilos, papéis e das tradições pessoais ou coletivas[129], [e ainda] A Antropologia Teatral indica um novo campo de investigação: o estudo do comportamento pré-expressivo do ser humano em situação de representação organizada[130].

Propondo-a dessa forma, a Antropologia Teatral pode então examinar as situações de representação presentes em qualquer cultura. Após anos de observação, pesquisas de campo e reflexão prática feita com mestres-atores ocidentais e orientais na ISTA, Eugenio Barba

128. Conferência feita por Grotóvski em Santarcangelo, Itália, 1988; em T. Richards, *op. cit.*, pp. 74-75.

129. E. Barba, *La Canoa di Carta. Trattato di Antropologia Teatrale*, Bologna, Il Mulino, 1993, p. 23.

130. *Idem*, p. 24.

reconhece internamente ao nível pré-expressivo[131], "princípios-que--retornam", presentes no trabalho do ator em diferentes culturas, que dilatam a sua presença e criam o "corpo-em-vida", responsável pela manutenção da atenção do espectador.

Os princípios-que-retornam, que definem o campo da pré-expressividade, se aplicados ao corpo do ator, produzem tensões físicas pré-expressivas que geram a presença e um corpo-em-vida. De acordo com Barba, os princípios-que-retornam são: *equilíbrio precário*, ou equilíbrio dinâmico ou equilíbrio de luxo (Barba utiliza as três possibilidades); *a dança das oposições*; a *incoerência coerente* e a *virtude da omissão*; o *princípio de equivalência*.

Equilíbrio precário

Como dito anteriormente, as observações feitas por Barba são fruto de sua experiência pragmática, de um contato direto com atores orientais e ocidentais. Nesse caso, ele utiliza o conceito de *equilíbrio instável* de Decroux, ou seja, um elemento que, se alterado em direção à instabilidade, uma instabilidade controlada, pode gerar tensões diferenciadas no corpo, as quais passam a ser "íscas" que tornam o corpo "vivo". "A vida do ator, de fato, se funda sobre uma alteração de equilíbrio"[132]. Os "pés-que-lambem" *(suriashi)* do Nô, os movimentos amplificados de Decroux, as posições de base do Balé..., levam o corpo a encontrar um novo equilíbrio que constrói as tensões responsáveis pela presença dilatada do ator.

A dança das oposições

Por *dança das oposições* Barba entende as infinitas possibilidades de construção no corpo de tensões de forças contrapostas. Tais tensões podem acontecer em diferentes níveis: no *percurso das ações* – como na Ópera de Pequim, em que o início da ação deve seguir a direção oposta à sua finalização; em *diferentes posições corporais* – como no Teatro de Bali, com as posições *keras* e *manis*; e em procedimentos como a *busca pelo desconforto*, de Decroux – sua bússola utilizada para verificar se uma ação está sendo executada corretamente. Muitas

131. Barba faz uma divisão entre *técnica cotidiana* – que é regida pela "lei do mínimo esforço", *técnica virtuosística* – que se limita à demonstração de habilidades, e *técnica extracotidiana* – caracterizada pelo "excesso de energia" e por um comportamento reconstruído pelo ator. A pré-expressividade está relacionada às técnicas extracotidianas que geram o "corpo-em vida" e dilatam a presença do ator. Mesmo não chegando a uma sistematização sobre seus elementos constitutivos, Meierhold com a "pré-interpretação" já havia colocado os pressupostos da pré-expressividade.

132. E. Barba, *La Canoa di Carta*, *op. cit.*, p. 34.

das tensões contrapostas acontecem no âmbito do comportamento cotidiano. A diferença presente nas técnicas extracotidianas está no grau de dilatação de tais tensões.

A incoerência coerente

Quando se estabelece um primeiro contato com as formas teatrais orientais, costuma-se sintetizar as próprias percepções servindo-se de um conceito muito utilizado entre os estudiosos: o de "estilização". Dessa forma, segundo Barba, estamos deixando de lado procedimentos, detalhes e especificidades importantes para o alargamento do conhecimento sobre o trabalho do ator. A começar pela eficácia cinestésica: mesmo o espectador leigo é envolvido sensorialmente pelo que acontece em cena. Quando dizemos "estilização" estamos velando um específico comportamento não coerente, uma "incoerência" fruto de uma outra lógica, diferente daquela presente no comportamento cotidiano. Porém, tal "incoerência" adquire, através de repetições precisas e contínuos detalhamentos, uma coerência, um sentido. Tanto a "eficácia cinestésica" quanto a *incoerência coerente* são características das técnicas extracotidianas.

A virtude da omissão

Barba utiliza-se de várias referências para explicar tal princípio. Cita, por exemplo, a explicação de Dario Fo sobre a força perceptiva resultante da concentração no espaço de uma ação que emprega uma grande energia. Neste caso a omissão se dá através da eliminação do que não é essencial na ação. Barba busca esclarecer tal princípio descrevendo o processo de *absorção da ação* elaborado por Decroux: as macroações, que se utilizam dos membros além do tronco, podem ser absorvidas por este conservando a energia das ações originárias. As macroações transformam-se assim, em impulsos, em microações que agem em um corpo praticamente imóvel. Nesse caso a omissão diz respeito à transformação das ações em seus impulsos originários, gerando dessa forma uma intensificação das tensões que produzem uma "imobilidade dinâmica". Nos dois exemplos citados podemos reconhecer um elemento comum: a *contenção*.

> Em cena, para o ator, omissão significa antes de tudo "conter", não gastar em um excesso de expressividade e de vitalidade o que caracteriza a presença cênica. A beleza da omissão está, de fato, na sugestão da ação indireta, da vida que se revela com o máximo de intensidade no mínimo de atividade[133].

133. *Idem*, pp. 51-52.

O princípio de equivalência

"Para que exista arte, é necessário que a ideia de uma coisa seja representada por uma outra coisa"[134]. Utilizando-se deste princípio elaborado por Decroux, Barba delimita fronteiras. Tal princípio, reconhecido pelo fundador da ISTA como essencial para a prática das técnicas extracotidianas, não pode ser aplicado arbitrariamente. Para que algo seja representado por outro, para que seja um signo, são necessários elos, pontes de contato, mesmo que esse contato envolva duas dimensões, a do espaço e a do tempo, por exemplo, como no caso da ikebana. Como afirma Decroux, a construção de ações equivalentes às ações cotidianas requer a passagem por duas etapas: a de desconstrução da ação original e a de reconstrução da ação equivalente. A ação, para tornar-se equivalente, é reconstruída a partir de princípios presentes nas técnicas extracotidianas: deslocamento das tensões, absorção... Dessa forma, os automatismos ligados à execução das ações cotidianas se rompem, gerando ações vivas, "reais".

A distinção entre "ações reais" e "ações realistas", aspecto ligado às ações equivalentes, ultrapassa, porém, o âmbito de tal princípio.

> Mesmo apresentando o teatro como teatral (não realista) são necessárias sempre ações reais"[135]. [...] O núcleo do pré-expressivo diz respeito ao caráter "real" da ação do ator, independentemente dos efeitos de dança ou teatro, de realismo ou não realismo que podem resultar da obtenção de tal qualidade . O caráter "real" da ação, de fato, se refere à qualidade do processo criativo. É isso que faz existir o ator enquanto ator. Não é o que caracteriza o seu estilo de representação. Não é uma escolha de estilo. Dá um fundamento à escolha deste ou daquele estilo. É o caso de repetir mesmo correndo o risco do tédio: dizer que a ação do ator deve ser "real", não quer absolutamente dizer que deve ser realista[136]. [...] É um princípio fundamental do teatro: em cena a ação deve ser real, não importa que seja realista[137].

Tal definição de "ação real", permite-nos pensar sobre a ação deslocando o foco – da ação enquanto resultado visível, para seu o seu interior, ou seja, para seus processos de preenchimento e justificação. Para ser *real*, a *ação* deve tornar-se *necessária* – "uma ação que envolve todo o corpo, que muda sua tonicidade, que implica um salto de energia, mesmo na imobilidade"[138]. A *ação real*, sendo a resultante e núcleo da pré-expressividade, adquire um valor de catalisador de todos os "princípios-que-retornam".

134. É. Decroux, *Parole sul Mimo*, *op. cit.*, p. 48.
135. E. Barba, *La Canoa...*, *op. cit.*, p. 176.
136. *Idem*, p. 183.
137. *Idem*, p. 55.
138. *Idem*, p. 174.

A subpartitura

Para podermos examinar a subpartitura, devemos ter como base a ideia de partitura, seu conceito-matriz.

Como nos mostra Patrice Pavis[139], o conceito de *partitura*, extraído da teoria musical e aplicado ao ator e à encenação, resulta na maioria das vezes metafórico, sem por isso excluir a busca de rigor implícita na utilização de tal conceito. De fato, falar em partitura significa falar de materiais que podem ser elaborados, fixados, combinados e reproduzidos. Como sabemos, a dificuldade de fixação dos materiais e manutenção de sua "vida", no caso do trabalho do ator, foi uma preocupação constante dos criadores teatrais que têm o ator como elemento central do próprio fazer artístico. A começar por Stanislávski.

O fundador do Teatro de Arte de Moscou, deslocando-se metodologicamente da Linha das Forças Motivas para o Método das Ações Físicas, fá-lo em função das diferentes possibilidades que a ação oferecia em relação aos aspectos interiores. A ação, não dependendo de ocorrências interiores que estão além da vontade, é um elemento reproduzível, controlável e passível de fixação. E ela se torna *psicofísica* à medida que, se reproduzida de forma precisa, passa a ser uma "isca" dos processos interiores. Nesse sentido, o conceito de "partitura" surge em Stanislávski enquanto resultante do processo de construção da personagem, denominada por ele como *linha direta das ações*. Dessa partitura ou linha, a ação física (corporal e vocal) é uma célula constitutiva.

Assim como em Stanislávski, outros criadores, utilizando-se de termos diferentes – *desenho dos movimentos* em Meierhold; *plástica* em Vakhtângov; *atmosferas* em Tchékhov; *harmonia global* em Craig; *frases corporais* em Dalcroze; *hierarquização das partes do corpo* em Decroux; *gestus* e os materiais registrados nos "livros de direção" em Brecht; *precisão da linguagem* em Artaud; *partitura* em Grotóvski, Schechner e Barba; *visual* e *acoustic score* em Bob Wilson; *forma plasmável* em Peter Brook – buscam definir e/ou modelar fisicamente elementos palpáveis, controláveis e reproduzíveis no trabalho com o ator. Podemos então considerar como sendo *partitura* a sequência ou concatenação de tais elementos.

> Qualquer que seja a estética da encenação, deve existir uma relação entre a partitura e a "subpartitura", os pontos de apoio, a mobilização interna do ator[140].

139. P. Pavis, "Da Stanislávski a Wilson. Antologia Portatile sulla Partitura", em *Drammaturgia dell'Attore*, Coleção Teatro Eurasiano 3, Bologna I Quaderni del Battello Ebbrio, 1997, pp. 63-81.

140. E. Barba, *La Canoa...*, p. 171.

Ibsen Nagel Rasmussen como Kattrin, a filha muda de Mãe Coragem, em *As Cinzas de Brecht* (1982), no Odin Teatret.

Barba, nessa passagem, refere-se à "subpartitura" enquanto conjuntos de elementos ou pontos de apoio que mobilizam o ator internamente, e que estão relacionados, por sua vez, à execução da partitura. Ele reconhece, além disso, a presença da "subpartitura" em elaborações feitas por outros artistas, como Stanislávski, Meierhold e Brecht.

O efeito de verdade buscado por Stanislávski, a teatralidade buscada por Meierhold, o efeito de estranhamento buscado por Brecht indicam objetivos opostos em termos de resultado, mas não critérios divergentes no processo. Estes diferentes objetivos pressupõe, por trás da coerência da ação externa da partitura, uma coerente organização da subpartitura, de um "forro do pensamento" que o ator controla. Ela (a subpartitura) é constituída por imagens circunstanciadas ou por regras técnicas, por experiências ou perguntas feitas a si mesmo, ou por ritmos, modelos dinâmicos ou por situações vividas ou hipotécas"[141].

Barba, assim, define subpartitura como "forro", "revestimento do pensamento" pessoal do ator, que pode ser composto por materiais de diferentes naturezas (imagens, experiências vividas, perguntas...) a fim de preencher e justificar os elementos da partitura. Dessa forma por subpartitura deve-se entender todos os procedimentos que envolvem a interioridade do ator a fim de preencher, dar vida e justificar a partitura.

Eugenio Barba, portanto, através da elaboração dos *princípios-que-retornam*, do conceito de ação real e de subpartitura, oferece outros parâmetros que ampliam a operacionalidade, a confecção e o conceito da ação física.

2.2.9. *Outros Teatros: Tensões e Intersecções*

Uma vez que o objeto em exame nesta parte do trabalho é a ação física, torna-se necessária uma reflexão sobre outras duas referências essenciais, seja para o desenvolvimento do conceito em questão, seja para uma compreensão mais aprofundada do teatro no século XX: a dança e os teatros orientais.

A inclusão dos teatros orientais é facilmente justificável. Como sabemos, praticamente todos os criadores teatrais do século XX serviram-se de procedimentos, regras e princípios presentes nos teatros orientais: o Kabuki e o Nô, para Meierhold; a Ópera de Pequim, para Brecht; o Teatro de Bali, para Artaud; o Kathakáli, para Barba... Sendo assim, o exame destas formas teatrais é mais que justificada. Nesse caso, porém, assim como para a dança, optou-se por um estudo de caso: dos teatros orientais, examinaremos o Teatro Kabuki. Verificaremos a possibilidade de existência da ação física nessa forma teatral e, caso tal presença seja confirmada, qual seria a sua especificidade, sobretudo em função de tratar-se de um código existente *a priori*, que deve ser portanto "reproduzido" pelo ator.

Também no caso da dança o objetivo será primeiramente constatar se, no caso a ser analisado – trechos de um espetáculo de Pina Bausch: *Bandoneon* – pode-se falar em ação física. Caso tal hipótese se confirme, teremos a possibilidade de examinar a ação física em uma

141. *Idem*, p. 176.

estrutura narrativa diferenciada, ou como veremos, em um "texto" diverso daquele normalmente utilizado em teatro.

Dança... a ação física no texto espetacular[142]

Sobretudo a partir de Dalcroze, Isadora Duncan e a Denishawn, surgem na dança, de maneira mais explícita e elaborada, formas narrativas que não têm como fio condutor simplesmente a descrição de uma fábula. A busca da tradução da música pelo corpo em Dalcroze; de um resgate de imagens e ideais "clássicos" em Isadora e as diferentes referências geradoras de coreografias (temas regionais, orientalismos "exóticos"...) em Ruth Saint-Denis e Ted Shawn, representaram procedimentos que não tinham como objetivo somente contar histórias. E se pensarmos nos rumos tomados pela *Modern Dance*, pelo *Tanztheater* e pela *Pós-Modern Dance*, veremos que tal tendência se acentua ainda mais. Os criadores compunham as próprias obras não a partir de um texto escrito, como aconteceu geralmente no teatro, mas a partir da invenção e aplicação de princípios pragmáticos que se transformavam em técnicas, como em Martha Graham, Doris Humphrey, Merce Cunningham, Laban, Kurt Jooss... A mistura de gêneros e estilos, de códigos cotidianos e não cotidianos, a utilização e manipulação de objetos, a não utilização de cenografias e muitas vezes também da música, a criação de figurinos que não "caracterizam" simplesmente, mas passam a ser, eles mesmos, um signo móvel... são alguns dos aspectos que fizeram com que a dança seguisse caminhos próprios e específicos, de um lado, e se contaminasse de procedimentos até então presentes no teatro, de outro.

Somente com o advento de paradigmas, tais como a Linguística e a Semiótica, foi possível buscar instaurar um outro nível de reflexão e análise sobre a dança enquanto *arte cênica*. Os modelos adotados no caso do teatro, as "poéticas" (Aristóteles, Boileau...), de fato, não examinavam o fenômeno, mas somente os aspectos literários da obra. Chega-se ao ponto de, em publicações de textos dramáticos de um autor, intitulá-los como *O Teatro de...* No caso da Dança, esta não dispondo na maioria das vezes de um texto escrito, tais procedimentos não se tornaram possíveis.

Com o surgimento, no âmbito da Semiótica, do conceito de "texto" (ou texto espetacular – TE), muitas possibilidades se abriram com relação à análise e descrição dos fenômenos cênicos.

> Em seu uso semiótico o termo "texto" não designa somente as sucessões coerentes e completas de enunciados, escritos ou orais, da língua, mas também, igualmente, toda unidade de discurso – seja essa de tipo verbal, não verbal ou misto – que resulte

142. Deve-se entender "texto" em sentido semiótico. Tal conceito será examinado mais adiante.

da coexistência de mais códigos e que possua requisitos constitutivos de completude e coerência. A partir de tal concepção, uma imagem, um conjunto de imagens, uma escultura, um filme, um trecho musical, uma sequência de sons podem ser "textos". [...] por "texto espetacular" deve-se entender o espetáculo teatral, considerado como um conjunto não ordenado, mas coerente e completo, de unidades textuais (expressões), de várias dimensões, que remetem a códigos diversos, heterogêneos entre eles, e através dos quais se realizam as estratégias comunicativas, dependentes também do contexto produtivo-receptivo[143].

A utilização do conceito de texto espetacular, dessa forma, nos permitirá descrever trechos de um espetáculo – *Bandoneon*, de Pina Bausch – e a partir de tal descrição, verificar se podemos falar de ações físicas presentes no espetáculo. Caso tal hipótese seja confirmada, examinaremos então o "como", a especificidade do seu manifestar-se.

Bandoneon – Em que o tango pode ser bom para tudo?

Mesas e cadeiras dispostas no espaço como em um bar ou restaurante. Fotos nas paredes, fotos de pugilistas. Bandoneon é o nome de um instrumento musical utilizado tradicionalmente nas orquestras de tango. Tal forma musical é utilizada como trilha sonora do espetáculo.

Mas se o material musical reforça uma certa melancolia sugerida pela cenografia, a coreografia aponta para outras direções. Uma gestualidade frequentemente exasperada, cenas simultâneas, códigos cotidianos desmontados e remontados, repetições, trechos de coreografias do balé clássico transformados em sua execução... Fragmentos que revelam gradualmente situações, relações, desejos e reflexões. O espetáculo não trata simplesmente da problemática ligada aos clientes daquele bar, mas, através da dinâmica entre atuantes, constrói um tecido narrativo vertical composto de códigos de diferentes naturezas, produzindo, assim, uma intertextualidade composta de sobreposições entre os discursos gestual, verbal e gestual-verbal. Dá-se dessa forma a transmissão de uma experiência, com o tempo representado não pela diacronia, mas pela sucessão de sincronias.

A fim de verificar a possibilidade de existência de ações físicas internamente ao texto espetacular *Bandoneon*, examinaremos dois momentos do espetáculo, os quais denominaremos "dança encavalada" e "tutu".

Dança encavalada

Em vários momentos do espetáculo, alguns atores-bailarinos dançam de diferentes maneiras, com variações rítmicas, diferentes percursos gestuais... O momento escolhido refere-se a um trecho em que alguns casais dançam de maneira particular: o homem está em pé e a

143. M. De Marinis, *Semiotica del Teatro*, Milano, Bompiani, 1982, pp. 60-61.

Figura 3

mulher está com as pernas sobre os ombros dele. Eles dançam com um ritmo diferente daquele proposto pela música (Fig. 3).

Se observarmos a fotografia ou assistirmos ao vídeo, veremos que nesse momento não se trata somente de uma composição formal. A maneira, o "como" eles executam a dança faz com que ela se transforme em signo: o ritmo lento, diferenciado em relação à música; as tensões corporais; as imagens sugeridas pela visualização da mulher que, em silêncio, tem o olhar voltado para um ponto fixo, um olhar interno; a maneira como dançam, como se a alteração das po-

Figura 4

sições corporais não existisse – todos estes elementos desencadeiam múltiplas associações e percepções. Tais associações e percepções acontecem, porém, porque existiam estímulos interiores que "preenchiam", "justificavam" e construíam um sentido para a dança. Desta forma, o "movimento" presente nessa dança passa a ser uma "ação física", pois no ato de sua execução ela se torna catalisadora de processos interiores e de elementos físicos, como variações de tensões, ritmos, equilíbrio...

Tutu

Dominique Mercy timidamente avança em cena, sozinho, vestindo um tutu de balé branco (Fig. 4). O vestido está desgastado e desamarrado. Executa um código do repertório clássico (*tendu*), depois tenta executar um *plié*. Em seguida, repropõe os mesmos passos em diferentes pontos do palco. Ele tem uma expressão desmotivada, seu olhar é direcionado para baixo, demonstra dificuldade em reproduzir aqueles passos. Imediatamente a constituição de um sentido abre-se a um conjunto de associações. O fato de ser um homem aquele que usa o vestido, e a maneira como o utiliza já nos obriga a pensar em uma problemática não individualizada. Não vemos uma garota vestindo um tutu que não consegue dançar, o que nos abriria a uma série de outras possibilidades, mas que poderiam muito mais facilmente remeter a um universo individualizado. Nesse caso, com Dominique, somos levados a pensar, por exemplo, na condição do bailarino em geral, e a perceber tal figura como veículo de uma metáfora sobre a perda de sentido da linguagem ou da pedagogia ligada ao balé clássico. Porém, novamente podemos dizer que tais interpretações somente tornam-se possíveis à medida que a ação executada por Dominique é *psicofísica*, ou seja, veículo de uma conexão, como vimos no outro caso, entre processos interiores e execução física.

Com relação ao "como" se daria tal conexão, entre execução física e aspectos interiores, tem-se à disposição o registro do processo de montagem de *Bandoneon*, escrito por Raimund Hoghe e Ulli Weiss, texto este traduzido para o português (*Bandoneon*, Attar Editores, São Paulo, 1989).

Desde o início deste processo, são feitas perguntas, algumas mais íntimas, outras de caráter geral. Os atores-bailarinos devem respondê-las em alguns casos verbalmente, em outros escrevendo, e em outros ainda improvisando ações e situações em cena. Dessa forma, os participantes envolvidos em tal percurso criativo são fortemente estimulados a partir de experiências vividas e inventadas, de uma memória pessoal e de uma memória construída, de uma reflexão que deve deixar de ser conceito e transformar-se em ação. Assim, os materiais selecionados e combinados para o espetáculo serão compostos de ações, que já serão psicofísicas, pois trarão em si uma bagagem de experiências motivadas a partir dos estímulos originários, ou seja, as perguntas.

Podemos constatar então, nesse caso, a construção de ações físicas. Porém o percurso de sua construção é especifico, combinando experiências pessoais e inventadas, assim como é específico o tecido narrativo, o "texto", no qual elas estão inseridas. Um "texto" que não tem como eixo a fábula, mas sim pequenos núcleos transmissores de "experiência".

Oriente ... A originalidade do "imutável". A ação física como kata

Assim como existem interpretações contrastantes relativas à ética presente nas práticas teatrais orientais, aspecto este já examinado no primeiro capítulo, também com relação ao ato de "imitar", presente na pedagogia dos atores orientais, o panorama não é menos confuso. O maior preconceito, ou ao menos um dos mais frequentes, por parte dos atores ocidentais em relação ao trabalho dos orientais está relacionado ao conceito de imitação. E para compreendermos tal fato devemos fazer uma digressão ao menos até o romantismo.

Muitos são, como sabemos, os valores contidos ou desencadeados pelo movimento romântico tais como originalidade, gênio,... Os cânones artísticos perdem a própria razão de ser e dão lugar à subjetividade do artista, o qual passa a ser, ele mesmo, o criador das próprias regras. A obra de arte torna-se, podemos dizer com Heidegger, a instauração de uma verdade que é individual e coletiva, em função de suas ressonâncias sociais. A partir daí poderíamos continuar: a tensão entre o artista-indivíduo e a sociedade; o artista como catalisador e antecipador de valores... Mas o que interessa aqui é desenvolver uma reflexão sobre as implicações de tais valores e como estes foram instrumentalizados a ponto de guiar e cristalizar algumas de nossas percepções.

Se examinarmos a história das artes no Ocidente, sobretudo do romantismo em diante, veremos que, além da atitude de oposição ou negação do posterior em relação ao anterior, vigente ao menos até o chamado pós-modernismo, faz-se presente também uma outra atitude: a busca do novo. Assim como no Positivismo é previsto um processo de constante desenvolvimento, de "progresso", a história das artes no Ocidente, do romantismo em diante, parece ter sido permeada por algo semelhante. Nesse sentido, a partir desse quadro, ainda que sumariamente descrito, poder-se-iam levantar algumas questões. Por exemplo, até que ponto a busca obsessiva pelo original, pelo novo, não obstruiu o reconhecimento em profundidade de possibilidades expressivas ligadas a cada manifestação artística ou forma de arte? Tal busca não seria um dos fatores responsáveis pelo, digamos, menor detalhamento presente nas linguagens teatrais ocidentais? Poder-se-iam refutar tais questões a partir de argumentos provenientes da Sociologia da Arte, reafirmando, por exemplo, a ligação entre arte e sociedade, ou seja, a arte como expressão direta das configurações sociais. E como as sociedades orientais foram em sua maioria estáticas com relação às possibilidades de mobilidade social, a permanência das linguagens no tempo e seu contínuo detalhamento seriam um produto de tal configuração. Bem, tal argumentação é no mínimo sem fundamento, pois muitas das sociedades dos países asiáticos sofreram enormes transformações sociais e econômicas e, no entanto, mantêm ainda hoje vivas as próprias tradições e com grande participação social. Talvez seja mais pertinente associar tal questão, como sugere Grotóvski[144], com os processos perceptivos a partir da relação entre linguagem e pensamento.

Deixemos, no entanto, em suspenso as questões acima levantadas, cuja inserção neste trabalho tem somente o objetivo de fornecer diferentes parâmetros de reflexão, e voltemos então àquela sobre a "imitação".

Falar sobre o movimento romântico e suas implicações na história e consequentemente nas práticas artísticas é instrumental a este discurso, à medida que as conotações negativas associadas ao conceito de imitação no Ocidente são um produto de tal processo. De fato, se pensarmos em "imitações" inevitavelmente as associaremos a um original, a uma matriz "verdadeira". Portanto à imitação associamos "falso". E tal associação é transferida quando pensamos em práticas teatrais não codificadas[145]. Nesse ponto podemos voltar ao romantismo, pois imitar um mestre, como no caso dos teatros orientais, pode vir a significar "abrir mão da própria subjetividade" e, portanto, do próprio "processo criativo". Daí provêm outros equívocos como "o ator oriental é menos criativo que o ocidental"... Tais afirmações são fruto de um desconhecimento, a começar por aquele relativo ao conceito de *imitação* em culturas diversas daquela ocidental.

Se tomarmos como exemplo o conceito de *imitação* para Zeami[146](*mono-no-mane*), ele contém cinco princípios os quais constituem um percurso a ser vivenciado[147]. São eles: princípio de imitação; princípio de verossimilhança; princípio de identificação; princípio de essencialização; princípio de limitação. O imitar portanto, neste caso pensado como um *percurso a ser traçado*, não acontece como ato mas, sim como processo.

Sendo então a imitação não um "ato" mas um "processo", podemos seguir com o nosso objetivo: primeiramente verificar se podemos, nesse caso, falar de ação física. Nesse sentido, torna-se necessário examinar o conceito de *kata*, considerada a célula da linguagem kabuki. No entanto, uma vez que o objeto a ser verificado existe como prática do ator, creio ser coerente optar por analisá-lo pragmaticamente. Com essa finalidade, portanto, descreverei, após uma breve explicação do

144. J. Grotóvski, "Introdução", em Antonella Ottai, *Teatro Oriente/Occidente*, Roma, Bulzoni, 1986, p. 11.

145. Excluem-se portanto o balé, as danças coreografadas, e linguagens em que prevaleçam o elemento corporal, tais como o mimo e a *Commedia dell'arte*.

146. Zeami Motokyo (1363-1444). Poeta, compositor, dançarino, esteta. Também criou e reescreveu a grande maioria dos dramas que constituem o repertório do Teatro Nô. Ele transcreveu os ensinamentos de seu pai Kanani sobre a teoria da interpretação. O tratado, hoje conhecido como *O Segredo do Teatro Nô*, na verdade é o núcleo de vários tratados escritos para uso e ensinamento exclusivo dos descendentes da sua família e eram acompanhados da seguinte recomendação: serem transmitidos como segredos.

147. Descrição presente em Giovanni Azzaroni, *Dentro il Mondo del Kabuki*, Bologna, Clueb, 1988, p. 143.

conceito, uma experiência pessoal: a de ter sido aluno de um curso de dança kabuki orientado pelo mestre Onoe Ozomu, em Bologna, 1990.

As *kata* foram construídas a partir da Era Genroku (1688-1703), época tida pelos historiadores como sendo o "Renascimento Japonês". Neste período muitas formas de arte se desenvolveram: foi quando Basho Matsuo criou o *haikai*; quando os dramaturgos começaram a escrever dramas com vários atos e diferentes estilos; e foi quando as kata começaram a se fixar, não somente as de interpretação, como também as relativas ao figurino, à maquiagem, à música e aos objetos de cena. Consideremos então, provisoriamente, *kata* como "forma".

Passemos agora à descrição do curso com o mestre Onoe Ozomu. Como resultado de tal experiência foi construído um modelo, ao qual nomeei "Modelo de kata"[148]. Esse modelo será utilizado no processo de verificação da *kata* enquanto ação física.

Começamos a estudar a dança Itakodejima. Desde o primeiro dia, após ter vestido o kimono (*yukata*), a faixa (*obi*) e ter em mãos um leque (*sensu*), as ações eram executadas pelo mestre. No início de cada aula repetíamos as ações aprendidas nos dias anteriores para depois passarmos às ações que deveriam ser estudadas naquele dia. Repetíamos as ações diversas vezes com e sem música. Em muitos momentos, enquanto observava o mestre que nos mostrava as ações que deveriam ser aprendidas, revivia certas sensações experimentadas quando vi pela primeira vez um espetáculo kabuki. Os gestos, as ações, tinham um grau de especificidade não decodificável. A formalização das ações, em seus percursos cinéticos, muitas vezes não se diferenciava daquela presente nos códigos, digamos, cotidianos. E, no entanto, a sua percepção era diferente, continha algo de específico. Nos momentos em que as ações eram executadas individualmente sem a utilização da música, buscava compreender por que alguns atores, apesar de executarem o trabalho com precisão, não conseguiam reproduzir o mesmo fenômeno. As ações seriam realmente as mesmas, ou seriam cópias de *movimentos*?[149] O processo de observação continuava; eu buscava executar com precisão as ações feitas pelo mestre. O desdobramento deste processo me levou a perceber que aquilo que era chamado de *kata* não correspondia a "formas prontas", não eram somente composições lineares ou espaciais como as figuras de uma superfície ou como sólidos no espaço. Eram algo diferente. Após algum tempo comecei a reconhecer a existência de certos elementos, e a diferenciá-los internamente, além de constatar a presença de algumas constantes que se repetiam. Como resultado da continuidade desse processo cheguei à seguinte representação:

148. Este modelo foi elaborado durante a pesquisa intitulada "Il Vuoto: Kabuki" (O Vazio: Kabuki) DAMS – Università Degli Studi di Bologna, Italia, 1992.

149. As diferenças entre *ação* e *movimento* serão examinadas no item 2.3.

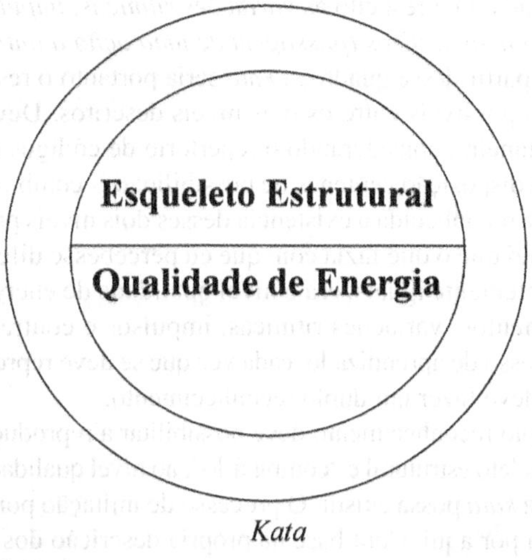

Figura 5

Um modelo, como sabemos, para sê-lo, não deve necessariamente levar em conta todos os matizes e variações do fenômeno ao qual se refere. De outro modo, ele se tornaria tão complexo que deixaria de ser um modelo. Ainda assim, ele deve conter os principais traços pertinentes, ou seja, aqueles considerados indispensáveis para a manutenção da identidade do fenômeno.

As constantes percebidas, retomando o discurso, eram representadas por sequências de ações, algumas muito breves, outras mais longas. Com o tempo outras questões foram surgindo. Por exemplo, frequentemente ações e sequências reapareciam, mas não eram exatamente as mesmas. Deveriam existir alguns componentes "invisíveis" que estariam sob o desenho e os percursos cinéticos daquelas ações. Percebi então que poderiam estar presentes naquelas ações dois níveis constitutivos. Chamei o primeiro nível *esqueleto estrutural* e o segundo *qualidade de energia*[150]. O nível esqueleto estrutural envolve todos os elementos que podem ser reproduzidos visualmente no espaço, os quais, um a um, poderiam ser denominados *movimentos*. Por qualidade de energia se entende o nível relativo ao modo como uma

150. Mesmo estando a par dos riscos ligados ao uso do termo "energia", sobretudo se aplicado em análises de fenômenos artísticos, optei pela sua utilização me atendo à sua definição científica: "atitude de um corpo ou sistema de corpos que cumprem um trabalho" (*La Nuova Enciclopedia delle Scienze Garzanti*, Milano, Garzanti, 1991, p. 540). Nesse sentido, sabendo que por *trabalho* se entende o produto da *força* pelo *deslocamento*, poder-se-ia considerar "energia" como a resultante desse processo aplicado ao corpo do ator, a qual se serve dos elementos descritos mais adiante (variações rítmicas, impulsos e contraimpulsos), que por sua vez produzem diferentes níveis de tensões e oposições intermusculares.

ação é realizada. Diz respeito às *variações rítmicas, impulsos (início da ação) e contraimpulsos (passagem de uma ação à outra ou o fim da ação)*. A partir desse quadro, a *kata* seria portanto o resultado das combinações possíveis entre os dois níveis descritos. Deve-se notar que, dessa maneira, considerando o repertório de códigos do kabuki, o ator teria à disposição centenas de possibilidades combinatórias.

Uma vez reconhecida a existência desses dois níveis presentes na *kata*, constatei que o que fazia com que eu percebesse diferenças em ações aparentemente iguais, era o nível qualidade de energia através de seus elementos: variações rítmicas, impulsos e contraimpulsos.

No processo de aprendizado, cada vez que se deve reproduzir uma *kata*, o ator deve fazer um duplo reconhecimento.

Esse duplo reconhecimento deve possibilitar a reprodução, de um lado, do esqueleto estrutural e "combiná-lo", ao nível qualidade de energia para que a *kata* possa existir. O processo de imitação porém, a meu ver, não para por aqui. Com base na própria descrição dos princípios envolvidos em tal processo, já feita anteriormente, é possível reconhecer um *espaço de interpretação* contido na imitação. E como veremos, é a partir da utilização do nível qualidade de energia que tal espaço se torna possível.

Após ter executado o que chamamos de "duplo reconhecimento", associando os dois níveis, esqueleto estrutural e qualidade de energia, o ator já experiente e conhecedor minucioso dos próprios códigos, tem a possibilidade de *interpretar*, ou seja, de escolher e optar por variações expressivas contidas no nível qualidade de energia.

Dando continuidade à descrição do modelo, optei por representar os dois níveis citados em forma de *continuum*, os quais contêm traços

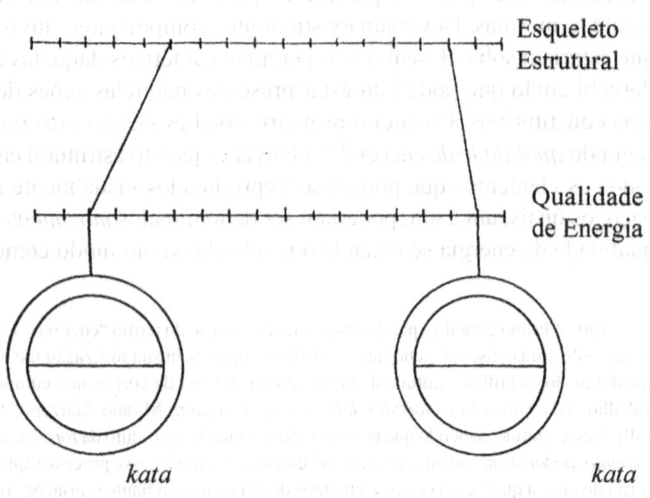

Figura 6

que definem a identidade das *kata*. Neste sentido, os traços presentes na qualidade de energia encerram uma especificidade: se a reprodução dos traços presentes no esqueleto estrutural exige uma precisão absoluta, não admitindo nenhuma variação, isso não acontece com os traços presentes no nível qualidade de energia. Ou melhor, há uma flexibilidade interna potencial contida em cada um desses traços que se torna possível a partir da utilização de seus elementos (variações rítmicas, impulsos e contraimpulsos). Existe um limite em que alterações são possíveis sem que isso comprometa a identidade da *kata* a ser reproduzida. Se acompanharmos a sucessão das figuras 6 e 7, veremos que, a partir da ampliação dos traços presentes no nível qualidade de energia, surgem outros traços, que podemos chamar de microtraços. Verificar-se-á em seguida que cada um destes microtraços contém os três elementos já citados (Fig. 8). O que chamamos de espaço de interpretação, que corresponde a um "terceiro reconhecimento" por parte do ator, é portanto o espaço que envolve os microtraços.

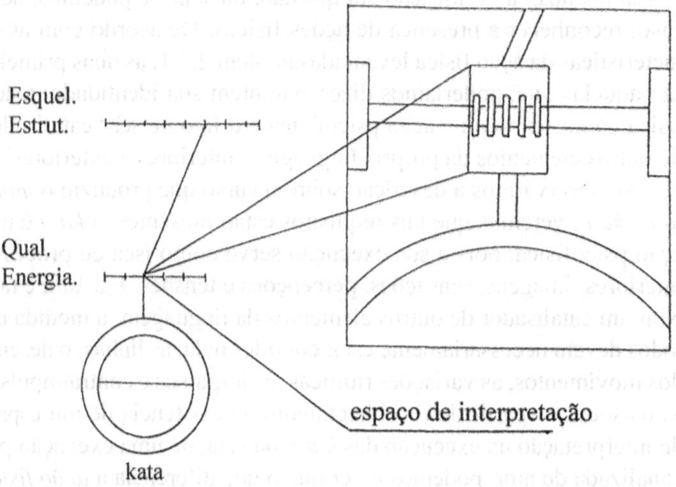

Figura 7

Como se pode notar na sequência das figuras, tanto os traços como os micro-traços que compõem o nível qualidade de energia, são formados pelos mesmos elementos (variações rítmicas, impulsos e contraimpulsos). Os microtraços são a solução visual encontrada dentro do modelo geral para traduzir o conceito espaço de interpretação, o qual se dá, como já foi dito, a partir da utilização dos elementos citados.

Devemos então, como dito anteriormente, verificar se podemos considerar a *kata* como ação física.

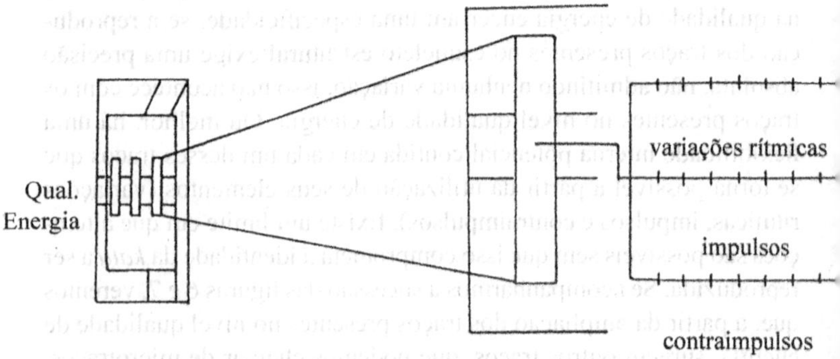

Figura 8

Antes mesmo de reconhecer as fronteiras e limites a serem estabelecidos após o reconhecimento da ampliação resultante das contribuições examinadas na segunda parte deste trabalho, podemos dizer que somente a definição de Stanislávski é suficiente para que possamos fazer a verificação em questão, ou seja, se podemos, nesse caso, reconhecer a presença de ações físicas. De acordo com as características da ação física levantadas no item 2.1.1, as duas primeiras são aquelas que, poderíamos dizer, garantem sua identidade: a ação física como sendo uma ação psicofísica e o fato de ser "catalisadora de outros elementos da própria linguagem, interiores e exteriores".

Se observarmos a descrição sobre o curso que produziu o *modelo de kata*, veremos que tais requisitos estão presentes: a *kata* é uma ação psicofísica, pois a sua execução serve como ísca de processos interiores: imagens, sensações, percepções e tensões. E a *kata* é também um catalisador de outros elementos da linguagem, à medida que todos devem necessariamente estar contidos nela: as linhas, o desenho dos movimentos, as variações rítmicas, os impulsos e contraimpulsos, as tensões... A partir do reconhecimento da existência de um espaço de interpretação na execução das *kata*, ou seja, de uma execução personalizada do ator, podemos dizer que o que diferencia a *ação física*, enquanto *kata*, daquela presente, ao menos na maioria das formas teatrais ocidentais, não são os seus respectivos elementos constitutivos, mas o percurso de suas construções: no caso da *kata*, a *ação,* inserida em uma "partitura", é já existente *a priori* no processo de trabalho; no caso de muitas das formas teatrais ocidentais, a ação deve ser a resultante de tal processo.

É oportuno esclarecer que o objetivo aqui foi o de verificar se é possível reconhecer as *kata* como ações físicas. Neste sentido, não se pretende generalizar tal análise a todas as formas teatrais orientais, mesmo sabendo que são compostas de códigos já construídos assimilados por meio de um processo de imitação.

Exemplos de *mie* (mostrando os olhos): em pintura do século XVIII por ator contemporâneo do Kabuki.

2.2.10. A Ação Física: Horizontes e Fronteiras

Nesta segunda parte do trabalho examinamos o conceito de ação física, primeiramente em sua concepção originária com Stanislávski, para em seguida verificar os casos em que ulteriores contribuições foram feitas para o seu desenvolvimento. Faz-se necessário agora, "organizar" as informações. Tal organização não pretende esgotar as possibilidades de reflexão sobre o conceito em questão, mas sim buscar oferecer um quadro que representa um ponto de partida para novas e futuras reflexões[151]. Utilizarei, nesse sentido, categorias que serão instrumentais para a organização das informações colhidas em cada referência examinada. A partir delas, poderemos tornar a refletir sobre o conceito de ação física, e verificar quais foram os acréscimos em relação à primeira definição, presente em Stanislávski (item 2.2.1). Três são as categorias formuladas: as matrizes geradoras; os elementos de confecção; os procedimentos de confecção das ações físicas.

Por *matrizes geradoras* entendemos qualquer referência utilizada para a confecção das ações físicas. Podemos ter como exemplo textos escritos, dramáticos ou não, referências visuais, sonoras, experiências pessoais ou construídas... Os elementos de confecção, assim como os procedimentos de confecção estão ligados aos aspectos que caracterizam a ação física em cada caso.

Passemos então à organização dos dados levantados tomando em exame cada uma das referências tratadas a partir das categorias acima descritas.

C. Stanislávski

Em Stanislávski vemos, mesmo em sua última fase – *método das ações físicas* –, que uma das matrizes geradoras de ações continua a ser o texto escrito. Além disso, a construção das ações exige também a utilização de conhecimentos ligados a experiências já vividas pelo ator, ou ligados a experiências sensíveis que são construídas durante o processo artístico. Porém, quando necessário, Stanislávski servia-se também de referências que não estavam presentes no texto do autor, como no caso descrito sobre o exercício do "escorpião"[152]:

> [...] Bogdan Korzeniewski, professor de direção, falava-nos do processo de miniaturização das ações da personagem. Depois, com um exemplo, revelou-nos a refinada estratégia de Stanislávski. Contava: "Dois mercadores que concorrem e se odeiam, sentam-se a uma mesma mesa em um jantar e degustam o chá trocando gentilezas. Para fazer emergir o duplo sabor no comportamento de ambos, Stanis-

151. Tais discussões, que tenham como objeto de reflexão a *atuação*, fazem-se não somente importantes, mas necessárias, sobretudo dentro do contexto brasileiro que ainda privilegia as questões ligadas aos textos dramáticos.

152. Descrição feita por Bogdan Korzenievski a Eugenio Barba, em *Canoa di Carta*, *op. cit.*, pp. 83-84.

lávski pede aos dois atores que improvisem uma luta entre dois escorpiões. Ele os faz recordar que estes dois animais atacam e matam com o rabo. O impulso contra o adversário deve partir da extremidade da espinha dorsal. Os atores improvisam uma grande luta caminhando, sentando-se, subindo sobre as cadeiras. A cena perde qualquer conotação realista. Não vemos mais dois mercadores, mas dois atores-escorpião. Continuamente alertas, comportam-se como se se ignorassem. Inesperadamente os seus "rabos" atacam. Essa variada improvisação é em seguida fixada e miniaturizada em cada fase: olhares, rotação do tronco, golpes, paradas. Por fim surge uma cena incrível: dois mercadores que concorrem assiduamente e detestam-se sentam-se à mesa e trocam gentilezas. O ritmo de suas ações – o despejar o chá, colocar o açúcar, sorrir, dialogar – se articula exatamente segundo cada uma das fases e intensidade – agora contida – da luta mortal entre os escorpiões".

No que se refere aos elementos de confecção da ação, como já vimos, devemos incluir seja aqueles relativos à construção do "estado interior" – o "se", as circunstâncias dadas, a imaginação, a concentração da atenção, a memória emotiva, os objetivos e suas unidades, a adaptação, a comunhão, a fé e o sentimento da verdade –, seja o "ritmo" e o "impulso".

Os procedimentos de confecção da ação, utilizados por Stanislávski visam a construção da *linha contínua de ações*. Nessa "linha" estão contidos os modos de utilização do ritmo, dos impulsos e dos elementos do "estado interior". Se o trabalho consciente for construído de maneira sólida e precisa, o ator pode atingir o subconsciente tornando possível o advento dos "movimentos involuntários".

V. Meierhold

Em Meierhold, como vimos no item 2.2.1, há um alargamento no que se refere às matrizes utilizadas para a construção de seus espetáculos e consequentemente para a criação das ações físicas executadas pelos atores. Utilizou-se, nesse sentido, além de textos dramáticos, de outras formas de arte – pintura, escultura, música – e de formas teatrais provenientes também de outras épocas e de outras culturas – formas teatrais populares, circo, *clown*, Commedia dell'arte, o Nô, o Kabuki, a Ópera de Pequim.

A partir da utilização de tais matrizes os elementos de confecção das ações se ampliaram. Os elementos interiores, assim como na última fase de Stanislávski, não deveriam ser buscados diretamente, mas sim resultar dos elementos plásticos e físicos utilizados. A busca de um preciso "desenho dos movimentos" envolve os elementos de confecção da ação: as três fases da variação rítmica; a importância da reatividade do ator; a consciência da própria execução; a assimilação e incorporação na ação de elementos pertencentes à teoria musical; a importância da plasticidade; os recursos de dilatação e concentração da ação.

Como vimos na análise do grotesco, da biomecânica e da pré-interpretação, o objetivo principal na construção do "desenho de movimentos" é a condução da atenção do espectador, através de criações e quebras de expectativa. Nesse sentido, como exemplos de procedimentos de construção da ação podemos citar: dar início ao percurso de uma ação no sentido oposto ao de sua finalização (*otkaz*); no desenvolvimento da ação construir passagens em que se alternam os aspectos interiores e exteriores; construir passagens entre a dilatação e a concentração da ação; variar ritmicamente a partir de uma estrutura triádica: recusa (*otkaz*), desenvolvimento (*passil*) e conclusão (*totchka*); buscar colocar o corpo e manipular objetos apresentando-os ao espectador em posições inusitadas, diferentes de como são percebidos normalmente (*rakursy*); construir passagens no desenvolvimento da ação entre os gêneros satírico, cômico, dramático e trágico; buscar contrastes e tensões em relação ao ritmo e a atmosfera sugerida pela música; buscar contrastes e tensões em relação aos significados sugeridos pela palavra.

R. Laban

Laban, no que diz respeito às matrizes geradoras de ações, executa um deslocamento de foco. A matriz de ações passa a ser o "espaço", entendido em duplo sentido: o espaço que circunda o corpo (*cinesfera*) e o espaço criado, construído pelo corpo.

Como elementos de confecção da ação conta-se então com as vinte e seis direções e suas combinações, que constróem os três sistemas de referência para o corpo no espaço; com os respectivos fatores de movimento – espaço, tempo, peso e fluência – e suas combinações.

Os procedimentos de construção da ação têm como parâmetro, em Laban, o "esforço" enquanto qualidade presente na ação e resultante, por sua vez, da combinação entre os fatores de movimento; as "escalas" e os "anéis" – percursos direcionais das ações que podem ser executados transversalmente, centralmente e perifericamente.

Observando as implicações da teoria labaniana, vemos que a relação entre corpo e espaço se dá em via dupla. Porém, quando evidencia o conceito de "esforço" enquanto produtor da "qualidade" que diferencia as expressões humanas, concretiza um ulterior deslocamento, sendo este autorreferencial: o próprio corpo passa, a partir das inúmeras combinações entre os fatores de movimento, juntamente com o espaço, a ser uma matriz geradora de ações.

Artaud

Como matrizes geradoras de seu teatro, e consequentemente das ações executadas pelos atores, Artaud se utiliza dos "duplos": a metafísica; a alquimia; a cultura; a ciência; a peste e os teatros orientais, sobretudo o teatro de Bali.

A respiração é considerada por ele como um elemento central do processo que faz com que uma ação se torne ação física.

Vários são os procedimentos descritos por ele, os quais devem estar presentes na atuação do ator: a utilização de elementos da música, sobretudo o ritmo; a construção de sinestesias como elo de ligação entre os elementos do espetáculo; a materialização dos elementos do espetáculo a partir do trabalho com o nível "significante" das palavras e gestos, que tem como finalidade agir sobre os sentidos do ator e do espectador; a necessidade de se fazer dos gestos e ações, signos.

E. Decroux

Decroux, assim como Laban, é responsável por um deslocamento, mas que está relacionado à função expressiva das partes do corpo. Propondo, da mesma forma que o autor da Labanotation, o corpo "em si" como matriz de significações e portanto como gerador de ações, atribui porém ao tronco o valor de seu núcleo expressivo. Dessa forma, altera a hierarquia vigente até então, que concentrava no rosto e nas mãos a função comunicativa do corpo.

Como elementos de confecção da ação Decroux propõe: que a origem deve estar localizada no tronco, envolvendo a coluna vertebral; os impulsos como mergulho na ação; o equilíbrio instável como produtor de tensões e o esforço como estabelecimento de um jogo de forças opostas. Ambos, o equilíbrio instável e o esforço, têm a função de dilatar as ações.

O procedimento de construção das ações tem como eixo o "princípio de equivalência", que envolve todos os elementos citados. A partir desse princípio, o corpo pode representar algo diferente dele mesmo e transformar-se em signo. Porém, ele é utilizado também quando o objeto de estudo é uma ação cotidiana. Nesse caso, o princípio em questão pode construir uma ação equivalente, perceptivelmente mais interessante. Uma ação dilatada.

B. Brecht

O texto escrito é sem dúvida a principal matriz geradora de ações em Brecht. Porém, como veremos, a relação que estabelece com o texto se dá a partir de objetivos e critérios específicos.

Brecht não menciona elementos específicos que devem ser utilizados na confecção da ação. As ações utilizam-se dos elementos pertencentes ao aparato físico e vocal, sem que se ressalte nenhum em particular.

Nos procedimentos de confecção da ação estão concentradas as contribuições de Brecht no que se refere às ações físicas. Esses procedimentos, ligados ao sistema de valores presente em suas formulações sobre o Teatro Dialético, estão contidos em dois conceitos elaborados pelo diretor alemão: o "efeito de estranhamento ou distanciamento" e o *gestus*. Tais conceitos, como já analisado no item 2.2.4, determinam a atitude que guiará a construção das percepções e consequentemente das ações executadas pelo ator , gerando dessa forma procedimentos de confecção da ação: o ator deve manter as primeiras impressões provocadas pela leitura do texto; buscar as contradições presentes no texto e traduzi-las no comportamento das personagens; construir uma atitude crítica com relação à personagem por meio de procedimentos tais como ler o texto na terceira pessoa ou ler em voz alta as rubricas; executar as ações como se estivesse narrando uma história; mostrar como as ações da personagem não são consequência de um destino inexorável, mas de contingências históricas, fazendo com que o público perceba a realidade como passível de transformação.

M. Tchékhov

Além de textos escritos, dramáticos ou não, Tchékhov utiliza-se de duas outras matrizes geradoras de ações: as "imagens" que levam à "imagem criativa", e as "atmosferas".

Inicialmente mentais, as imagens devem ser traduzidas pelo ator através de movimentos que podem fazê-lo ultrapassar os limites impostos pela sua personalidade. Já as atmosferas, *alma da performance*, segundo o ator russo, espécie de película que envolve as experiências, têm a função de estimular o ator, aprofundar suas percepções ligadas ao " não verbal", aspectos estes que devem ser traduzidos corporalmente. Além disso, as atmosferas criam uma comunhão, seja entre os atores, seja entre ator e público.

Tchékhov propõe, como elementos de confecção das ações – as espécies ou qualidades de movimento: modelar, voar, flutuar e irradiar, todas associadas a uma atividade constante de visualização; e o ritmo em suas variações – lento/veloz e interno/externo.

Como procedimentos de confecção da ação em Tchékhov podemos reconhecer: os processos de ampliação e concentração da ação e a construção do "gesto psicológico".

J. Grotóvski

No livro de Thomas Richards, *Al Lavoro con Grotowski sulle Azioni Fisiche* [Trabalhando com Grotóvski sobre as Ações Físicas], podemos ler um texto escrito por Grotóvski: "Da Companhia Teatral à Arte como Veículo". Nele, o diretor polonês descreve sumariamente seu percurso desde o Teatro Laboratorium, passando pelo Parateatro, pelo Teatro das Fontes até a "Arte como Veículo", desenvolvido no Workcenter de Pontedera, na Itália. Do trabalho desenvolvido no Workcenter, Grotóvski reconhece a existência de dois polos: um, dedicado à formação permanente, utilizando como materiais os cantos, textos, ações físicas, exercícios plásticos e físicos para os atores; e o outro, que diz respeito às atividades direcionadas à "arte como veículo".

Como vimos no item 2.2.6, Grotóvski, dando continuidade ao trabalho efetuado por Stanislávski sobre as *ações físicas*, diferencia-se do mestre russo em dois aspectos: a questão do "impulso" – considerado como elemento que parte do interior para o exterior da ação; e das tensões correspondentes. Portanto, estes seriam os elementos específicos de confecção das ações propostos por Grotóvski.

No que diz respeito aos procedimentos de confecção da ação, presentes em sua última fase, poderíamos reconhecer "a montagem do atuante": "a montagem não se dá na percepção do espectador, mas naquele que age"[153]. Ou seja, os "elementos da ação são os instrumentos de trabalho sobre o corpo, o coração e a cabeça dos atuantes"[154].

E. Barba

São múltiplas as matrizes utilizadas por Barba para a confecção das ações: as formas teatrais orientais, sobretudo o Kathakáli, a dança Odissi, a Ópera de Pequim e o Teatro de Bali; o mimo de Decroux; e a *Commedia dell'arte*; além de textos dramáticos e não dramáticos.

Como elementos de confecção das ações podemos reconhecer: aqueles relativos aos "princípios-que-retornam", constitutivos da pré-expressividade – "equilíbrio precário" e "jogo de oposições" (ambos extraídos de Decroux); a "omissão" – fragmentação de partes do corpo analisados isoladamente – "pés", "mãos", "olhos e rosto"; *sats* – estado de prontidão, impulso, que constrói as passagens entre as ações, instante que precede a ação no espaço; *kraft* – força, potência da ação; e os elementos subjetivos da "sub-partitura", construídos pelo ator para preecher e justificar as ações.

Como procedimentos de confecção da ação em Barba, que têm por objetivo materialização da "ação real" como célula da "partitura", reconhecemos: a dilatação e a miniaturização das ações – dinâmica da "energia"; aplicação dos princípios pré-expressivos enquanto nível de organização do espetáculo; aplicação do "princípio de equivalência"; variação rítmica; a relação com os objetos; a relação entre a "montagem do ator" e a "montagem do espectador".

Dança – a ação física no Texto Espetacular

A partir do estudo de caso escolhido – *Bandoneon*, de Pina Bausch –, podemos reconhecer como matrizes: experiências e percepções pessoais traduzidas em palavras ditas ou escritas, ou ainda em cenas, desencadeadas a partir de perguntas elaboradas pela diretora.

153. T. Richards, *Al Lavoro...*, *op. cit.*, p. 131.
154. *Idem*, p. 129.

Como elementos de confecção das ações: códigos cotidianos (ações e palavras), e códigos extracotidianos (pertencentes sobretudo à dança clássica e ao tango).

Procedimentos de confecção da ação: desmontagem e remontagem de códigos cotidianos; concatenação de códigos cotidianos e extracotidianos (nesse caso, balé e tango); tradução em forma de ação das respostas dadas às perguntas feitas pela diretora.

Ação física como kata

Nesse caso, não sabemos quais foram as matrizes geradoras das ações (*kata*). Podemos somente levantar hipóteses sobre as possíveis referências provenientes de outras formas de arte, tais como esculturas e pinturas.

Como elementos de confecção das ações, além dos princípios presentes nos códigos do kabuki, podemos incluir, a partir da construção do "modelo de *kata*", dois níveis constitutivos: o "esqueleto estrutural" e a "qualidade de energia", esse com seus respectivos elementos – variações rítmicas, impulsos e contraimpulsos.

Procedimentos de confecção das ações: "repetições dinâmicas", que preveem um progressivo detalhamento e preenchimento; as combinações entre os níveis "esqueleto estrutural" e "qualidade de energia".

No item 2.2.1 vimos as características que definiram o conceito de ação física, em sua origem: *ação física* enquanto ação psicofísica; e ação física enquanto catalisador de outros elementos presentes no sistema em que está inserido.

Com a análise feita sobre as outras referências, reconhecidas neste trabalho como tendo contribuído para o desenvolvimento do conceito de ação física, as características originais se mantêm, porém podemos reconhecer um alargamento de tal conceito a partir das categorias utilizadas no quadro acima. De fato, em todos os casos cumpre reconhecer a presença de ações psicofísicas que atuam como um elemento catalisador dentro dos sistemas ou técnicas nas quais estão inseridas. No entanto, tais ações são geradas por "matrizes" diferentes; contêm "elementos" diferentes e são o resultado de "procedimentos de confecção" diferentes. Se em Stanislávski, Meierhold e Brecht vemos que uma matriz comum é o "texto dramático", em Laban e Decroux é o próprio "corpo" a assumir tal função, assim como em Michael Tchékhov são as imagens e as atmosferas etc...

Portanto, a partir das análises feitas anteriormente, cujos resultados estão formalizados no quadro acima, podemos constatar um desenvolvimento, um alargamento do conceito de ação física a partir de diferentes práticas artísticas.

As Ações Físicas
De Stanislávski a Barba

	Matrizes Geradoras	*Elementos de Confecção*	*Procedimentos de Confecção*
C. Stanislávski	- textos dramáticos - referências extra textuais quando necessário (ex: escorpião)	- elementos do "estado interior" - método das ações físicas - tempo-ritmo - impulso (int-ext)	- construção da linha contínua de ações" - a contra-ação e a ação transversal - chegar ao subconsciente (gestos involuntários). Importância das repetições "dinâmicas".
V. Meierhold	- textos dramáticos - outras formas de arte (pintura, escultura, música) - linguagens teatrais-diferentes épocas e culturas - grotesco; biomecânica; pré-interpretação	- reatividade do ator - consciência da própria execução - assimilação de conceitos e princípios da música - plasticidade e forma	- construção do desenho de movimentos - variação rítmica: *otkaz*, *passil* e *totchka* - rakursy - dilatação e concentração - contrastes e tensões em relação aos ritmos e atmosferas presentes na música - contrastes e tensões em relação aos significados sugeridos pela palavra
R. Laban	- duplo sentido de espaço: cinesfera e espaço construído pelo corpo - corpo	- 26 direções e combinações em três sistemas de referência - fatores de movimento: espaço, tempo, peso, fluência e combinações	- construção do esforço através da combinação entre os fatores de movimento - escalas e anéis - sequências transversais, periféricas e centrais
A. Artaud	- os "duplos"-metafísica, alquimia, cultura, ciência, peste e os teatros orientais	- a respiração	- utilização de elementos da música, sobretudo o ritmo - precisão - trabalho com o nível "siginificante" das palavras e gestos - fazer dos gestos e ações, signos

	Matrizes Geradoras	*Elementos de Confecção*	*Procedimentos de Confecção*
E. Decroux	- corpo	- tronco como ponto de origem do movimento - equilíbrio instável - esforço: jogo de forças opostas	- princípio de equivalência – corpo como signo - dilatações das ações e da presença do ator
B.Brecht	- textos dramáticos	- aparato vocal e corporal	- efeito de estranhamento e *gestus* – atitude crítica - manter as primeiras impressões surgidas na primeira leitura do texto - buscar contradições no texto e traduzi-las em comportamento - ler o texto em terceira pessoa - ler rubricas em voz alta - execuções das ações como narrador - mostrar que a realidade é transformável
M. Tchékhov	- textos dramáticos e não dramáticos - imagens - atmosferas	- qualidade de movimento: modelar, flutuar, voar, irradiar (visualização) - ritmo: lento/veloz interno/externo	- ampliação e concentração da ação - construção do gesto psicológico - busca da forma
J. Grotowski	- experiências pessoais, resgatadas e reconstruídas	- impulsos (externo / interno) - alternância das tensões	- montagem no ator/atuante
E. Barba	- textos dramáticos e não dramáticos - formas teatrais orientais, *Commedia dell' arte*, formulações de Decroux	- princípios-que-retornam - partes do corpo analisadas isoladamente: mãos, pés, rosto, olhos - *sats* e *kraft* - elementos da subpartitura	- construção da ação real como célula da partitura - dilatação e miniaturização - princípio de equivalência - variação rítmica - utilização de objetos - montagem do ator/diretor

	Matrizes Geradoras	*Elementos de Confecção*	*Procedimentos de Confecção*
Dança (Bandoneon)	- experiências e percepções pessoais estimuladas através de perguntas	- códigos cotidianos (ações e palavras) - códigos extracotidianos (balé e tango)	- desmontagem e remontagem dos códigos cotidianos - concatenação de códigos cotidianos e não cotidianos - responder as perguntas com ações
Ação como kata (Kabuki)	- não conhecidas – referências prováveis: pintura e escultura	- elementos presentes no código do Kabuki - dois níveis do *kata*: esqueleto estrutural e qualidade de energia (variações rítmicas, impulsos e contraimpulsos)	- repetições dinâmicas - combinações entre os níveis esqueleto estrutural e qualidade de energia

Algumas implicações ligadas à existência de diferentes matrizes, elementos e procedimentos criadores de ação física serão examinadas na terceira parte deste trabalho.

2.3. O MOVIMENTO, A AÇÃO FÍSICA E O GESTO

Nos escritos que se propõem a refletir ou analisar o trabalho do ator, frequentemente nos deparamos com conceitos, tais como os descritos acima: *movimento, ação (ou ação física) e gesto*. Apesar de estarem inseridos em diferentes poéticas, a análise feita neste trabalho (item 2.1, 2.2 e sub-itens) levou-me a reconhecer um sentido aproximado e muitas vezes comum na utilização de tais conceitos. É oportuno, porém, antes de dar continuidade ao discurso, especificar que o horizonte de reflexão sobre esses conceitos, estará limitado à esfera do saber elaborado a partir das práticas artísticas. Ou seja, a sistematização a ser buscada não se utilizará de teorias e referências externas às elaborações feitas pelos artistas citados e/ou examinados neste trabalho.

Movimento

Hoje Leão veio contar-me sobre o progresso do treinamento na escola.

[...] Tortsov insistiu para que cada pose, deitada ou de pé, não só ficasse sujeita ao controle de auto-observação, como também se baseasse em alguma ideia imaginativa e fosse acentuada por "circunstâncias dadas". Com isto, deixa de ser uma simples pose. Transforma-se em ação[155].

155. C. Stanislávski, *A Preparação do Ator*, *op. cit.*, p. 140.

Ao fazer o movimento, todos os meus músculos funcionaram natural e adequadamente – o que me levou a concluir que um "objetivo vivo" e uma "ação real" (pode ser real ou imaginária, desde que esteja adequadamente baseada em circunstâncias dadas em que o ator possa crer) fazem, natural e inconscientemente, funcionar a natureza[156].

O caráter dos movimentos e dos atos biológicos é condicionado pela estrutura biológica do organismo[157].

Ações motoras do homem:

– movimentos de cada órgão (tremor e inervação muscular, movimentos dos olhos, movimentos mímicos dos braços, pernas e série de músculos)[158]

– complexo de movimentos que envolvem o inteiro organismo ou série de ações (deslocamento de todo organismo, andamento do passo...)[159]

[...] a artista interpretando o papel de Eva pode colher a maçã de várias maneiras, usando movimentos de variada expressividade. Pode fazê-lo ávida e rapidamente ou lânguida e sensualmente. Pode também colhê-la com uma expressão destacada [...] Muitas outras são as formas de ação, cada uma delas podendo ser caracterizada por um tipo diferente de movimento[160].

Eis antes de tudo o modo de uma ação produtiva. Tomemos em exame a seguinte ação: pegar um ovo à esquerda e apoiá-lo à direita. Cinco coisas: 1. Um ovo; 2. O desenho do percurso. Exemplo – semioval no comprimento; 3. A velocidade do percurso – lentidão ou rapidez; 4. O contexto orgânico – explico: interesso-me pela figura do homem que age por inteiro, em outros termos, não me limito a olhar o ovo e a mão que, por assim dizer, se amalgama com o ovo. Olho o corpo deste homem no seu conjunto. E me pergunto: Qual é a sua atitude? Ou o seu movimento?; 5. A força. [...] Podemos conceber o movimento como uma sucessão de atitudes[161].

[...] "por "gesto" não se deve entender a gesticulação: não se trata de movimentos das mãos com a finalidade de sublinhar ou esclarecer [...][162]

Imagine-se fazendo, inicialmente, algum movimento simples: erguer um braço, pôr-se de pé, sentar ou apanhar um objeto. Estude esse movimento em sua imaginação e depois concretize-o[163].

Nas qualidades e sensações encontramos a chave para o tesouro de nossos sentimentos. Mas existirá tal chave para a nossa força de vontade? Sim, e encontramo-la no "movimento" (ação, gesto). [...] Assim, podemos dizer que o "vigor" do movimento instiga a nossa força de vontade em geral; que a "espécie" de movimento desperta em nós um definido desejo correspondente e que a "qualidade" desse mesmo movimento evoca nossos sentimentos[164].

156. *Idem*, p. 142.

157. V. Meierhold, *L'Attore Biomeccanico*, Programa do curso de biomecânica, *op. cit.*, p. 67.

158. *Idem*; item "d" do Programa do curso de biomecânica, p. 67.

159. Algumas informações sobre a biomecânica de Meierhold foram extraídas de *A Biomecânica como Princípio Constitutivo da Arte do Ator*, dissertação de mestrado de Yedda C. Chaves; ECA-USP, 2001.

160. R. Laban, *Domínio do Movimento*, *op. cit.*, p. 19.

161. E. Decroux, *Parole sul Mimo*, *op. cit.*, pp. 136 e 118.

162. B. Brecht, *Scritti Teatrali*, vol. I; *op. cit.*, p. 251.

163. M. Tchékhov, *Para o Ator*, *op. cit.*, p. 38.

164. *Idem*, pp. 75-76.

É fácil confundir 'ações físicas' e 'movimentos'. Se eu estou andando em direção à porta, esta não é uma ação física, mas um movimento, Mas, se eu estou andando em direção à porta para argumentar contra suas estúpidas questões, para ameaçar vocês, fazer vocês pensarem que eu encerrarei esta conferência, haverá então uma sequência de pequenas ações e não somente movimentos.[165]

Mas as coisas não são diferentes quando um dançarino clássico, ou um mimo da escola de Decroux ou um ator de uma das tradições asiáticas, executa sem interrupção um fluxo de exercícios elementares, aquele desenho de movimentos que, uma espécie de léxico físico, é ensinado ao aluno nos primeiros meses de seu treinamento. Como o "abc" desses exercícios pode transformar-se sob nossos olhos em ação "real", em uma rede que captura imagens e reflexões do observador, ainda que a substância das ações não seja outra coisa além de um fraseado de movimentos?[166]

Individualmente, na sala, os homens e as mulheres vão ficando de pé. Tocam como antes as partes doloridas de seus corpos. Mas agora os mesmos movimentos e toques parecem contar alguma coisa totalmente diferente, erótica e carinhosa, voluptuosa e consciente[167].

Mestre Okura, um famoso mestre de Kyogen, uma vez explicou conexão entre o corpo e o palco. Em japonês, a palavra utilizada para dizer palco é "butai", a parte "bu" significa "dança, a parte "tai" significa palco. Literalmente, a "plataforma/ lugar da dança". De qualquer forma, a palavra "tai" também significa "corpo", o que sugere uma leitura alternativa: "o corpo da dança". Se usássemos este significado da palavra "butai", o que é o performer? Okura disse que o corpo humano é o "sangue do corpo que dança". Sem isso o palco está morto. Tão logo o performer entra no palco, o espaço começa a se tornar vivo; o "corpo que dança" começa a "dançar". Em um certo sentido, não é o performer que está "dançando", mas através de seus movimentos, o palco "dança"[168].

Ação física

Com relação à ação física, vimos nos itens 2.1 e 2.2 (e seus respectivos sub-itens) a sua definição e os seus elementos constitutivos, presentes tanto em Stanislávski como nas elaborações dos artistas tratados posteriormente. De qualquer forma, voltaremos a refletir sobre o conceito em questão após a descrição dos trechos selecionados sobre o gesto. A ação física será, então, examinada em relação ao movimento e o gesto.

Gesto

Afirmo que um gesto, como tal, um movimento independente que não exprima nenhuma ação pertinente ao papel do ator, é desnecessário [...] O ator tampouco deve esquecer que o gesto típico ajuda-o a aproximar-se da personagem que ele está encarnando, ao passo que a intrusão dos movimentos pessoais o separa dela, [...][169]

165. Conferência feita por Grotóvski em Liège, Janeiro de 1986; em T. Richards,*op. cit.*; p. 76.
166. E. Barba, La Canoa di Carta, *op. cit.*, p. 31.
167. Raimund Hoghe e Ulli Weiss, *Bandoneon*, *op. cit.*, p. 31.
168. Y. Oida e L. Marshall, *The Invisible Actor*, London, Methuen, 1997, p. XVIII.
169. C. Stanislávski, *A Construção da Personagem*, *op. cit.*, pp. 92-93.

Salvini aproximou-se do palanquim dos Doges, ficou um momento envolto em concentrada meditação e logo, sem que pudéssemos sequer notar, ele tomou toda a plateia do imenso Bolshoi na palma de sua mão. [...] Sem olhar para o público, estendeu a mão, agarrou-nos como se fôssemos formigas ou mosquitos. Apertou o punho – e sentimos o sopro da fatalidade, abriu a mão – e era a alegria. Estávamos em seu poder e assim ficaríamos até o final da peça. A princípio era quase como se o seu Otelo não fosse Otelo e, sim, Romeu[170].

O gesto nasce como resultado do movimento do corpo todo, é uma resposta ao movimento do corp, e portanto, deve ser construído segundo as leis de equilíbrio desse movimento[171].

Os gestos são ações das extremidades, que não envolvem nem transferência nem suporte do peso[172].

Parece que, em relação a um trabalho, o uso do termo "gesto" se torna mais raro em proporção ao aumento do esforço. A função do gesto seria antes de tudo a de indicar aos outros aquilo que devem fazer[173].

[...] se o gesto é feito nas condições e com a força necessárias, convidam o organismo e, através dele, toda a individualidade, a assumir atitudes conforme ao gesto feito[174].

A condição para provocar o efeito de estranhamento é que, em vez disso, o ator concretize o que deve mostrar com um explícito gesto demonstrativo. [...] Por "gesto social" deve entender-se a expressão mímica e gestual das relações sociais que determinam as relações sociais de uma dada época[175].

Por "gesto" não se deve entender gesticulação: não se trata de movimentos das mãos feitos com a finalidade de sublinhar ou esclarecer, mas uma atitude de conjunto. "Gestual" é uma linguagem que se baseia sobre o gesto assim entendido: uma linguagem que demonstra determinadas atitudes daquele que as tem diante de outras pessoas[176].

Chamemo-lhes "Gestos Psicológicos" porque seu objetivo é influenciar, instigar, moldar e sintonizar toda a sua vida interior com seus fins e propósitos artísticos. [...] Existem duas espécies de gestos. Uma que usamos tanto quando atuamos no palco como na vida cotidiana: são os gestos naturais e usuais. A outra espécie consiste no que poderíamos chamar de gestos arquetípicos, aqueles que servem como modelo original para todos os gestos possíveis da mesma espécie. O GP pertence a esse segundo tipo. Os gestos cotidianos são incapazes de instigar nossa vontade porque são excessivamente limitados, fracos demais e particularizados[177].

Agora, o que é um gesto se você o observa externamente? Como reconhecer facilmente um gesto? Frequentemente, um gesto é um movimento periférico do corpo, um gesto não nasce no interior do corpo mas em sua periferia (mãos e face).[178]

170. *Idem*, p. 98.
171. V. Meierhold, *L'Attore Biomeccanico*, *op. cit.*, p. 95.
172. R. Laban, *Domínio do Movimento*, *op. cit.*, p. 60.
173. E. Decroux, *Parole sul Mimo*, *op. cit.*, p. 118.
174. Antonin Artaud, *O Teatro e seu Duplo*, *op. cit.*, p. 105.
175. B. Brecht, *Scritti Teatrali*, vol I, *op. cit.*, pp. 177 e 181.
176. *Idem*, p. 251.
177. M. Tchékhov, *Para o Ator*, *op. cit.*, pp. 84 e 89.
178. Conferência feita por Grotóvski em Santarcangelo, Itália, Julho de 1988; em T. Richards, *op. cit.*, p. 75.

> É preciso definir a ação de maneira funcional, para que possa nos servir de ajuda no trabalho cotidiano. Por ação entendemos "o que transforma a mim e a percepção que o espectador tem de mim". O que muda deve ser o tônus muscular de todo o meu corpo. Essa mudança envolve a coluna vertebral, da qual nasce o impulso para a ação. [...] Se movo uma mão desencadeando o movimento do cotovelo, isso não muda o tônus de meu corpo na sua totalidade. É um gesto[179].

Analisando atentamente os escritos dos artistas examinados, podemos reconhecer um denominador comum, no que se refere aos significados ligados aos conceitos de *movimento*, *ação* e *gesto*.

Nos trechos selecionados com respeito ao movimento, vemos tal elemento descrito enquanto componente da ação, que pode conter elementos específicos em cada elaboração, mas que, quando trabalhados, geram ou levam à ação: Stanislávski (circunstâncias dadas, objetivos...); Meierhold (direção, força, pressão, tração...); Laban (fatores de movimento); Decroux (atitudes plásticas); Brecht (deslocamento plástico); Tchékhov (qualidades ou espécies); Barba (deslocamento plástico e espacial). Outros dois sentidos, que surgem a partir da descrição dos elementos que compõem o movimento, ligados por sua vez ao primeiro, é de movimento como elemento plástico, passível de modelagem; e de movimento como deslocamento espacial.

O movimento, então, seja enquanto "deslocamento espacial", seja enquanto "elemento plástico e, portanto, moldável", é constituído de elementos que, uma vez trabalhados, geram a ação. O movimento, nesse sentido, é um componente da ação, o seu substrato.

No que diz respeito ao gesto, é perceptível uma divergência entre o ponto de vista manifestado por Grotóvski em relação às outras referências examinadas. Apesar do diretor polonês localizar o gesto, assim como em outros casos aqui tratados, na periferia do corpo, sobretudo no rosto e mãos, ele o considera um aspecto negativo do trabalho do ator. A diferença entre 'gesto' e 'ação física' para Grotóvski está relacionada com o percurso dos impulsos experenciados pelo ator. No caso do 'gesto', segundo ele, o impulso não partiria do interior do corpo, mas de suas extremidades. Consequentemente o gesto não poderia se transformar em uma 'ação física', uma vez que para ser tal, são necessários impulsos não periféricos.

Neste caso, o ponto de vista aqui adotado diferencia-se daquele elaborado pelo diretor polonês, na medida em que consideramos o gesto não como um elemento que está 'em contraste' com a ação física, mas como uma sua extensão, um seu 'desdobramento'. Nesse sentido, o gesto é aqui considerado como um elemento resultante de um processo de 'detalhamento' e definição do ser ficcional pelo ator. Se observarmos com atenção os outros trechos selecionados, vemos que o movimento so-

179. E. Barba, *La Canoa di Carta*, *op. cit.*, pp. 231-232.

mente torna-se ação, como vimos nos diferentes casos tratados, quando significa, quando representa algo, quando se torna *signo*.

E se observarmos com atenção a partir dos trechos selecionados, vemos que, independentemente de especificidades, tais como – se o gesto é consequência ou não da utilização global do corpo – vemos que o gesto também, para constituir-se como gesto, deve representar algo, deve ser signo. Porém, a semiose no caso da ação e do *gesto* diferencia-se em um aspecto fundamental: a ação é um signo, e portanto representa, significa, mas não particulariza; o gesto significa, mas ao mesmo tempo particulariza. Pode-se, somente através do gesto, particularizar um indivíduo, ressaltando suas qualidades e especificidades. O processo de particularização, no entanto, não deve, necessariamente, dar-se em nível de individualização. Pode-se também particularizar através do reconhecimento e codificação de características específicas de uma atividade profissional, classe social, tipo psicológico... Neste último caso, reconhecemos, como em Meierhold, Brecht, Michael Tchékhov ou Pina Bausch, o indivíduo como integrante de uma classe ou categoria social, psicológica...

Portanto, definimos como sendo movimento todo elemento plástico ou moldável do corpo humano que pode também produzir um deslocamento espacial. O movimento contém elementos que, quando trabalhados, podem gerar ações físicas. As ações físicas, além de serem necessariamente psicofísicas e catalisadoras de elementos de linguagem, devem significar ou representar algo, assumindo, dessa forma, uma função sígnica. Quando tais ações passam a particularizar um ser ficcional, seja como ser humano único e diferenciável, seja como integrante de uma classe social, profissional, tipo psicológico... podemos localizar, então, em tais ações, a presença de gestos.

A busca por uma definição precisa dos elementos movimento, ação e gesto, tornou-se necessária à medida que eles são fundamentais para o ator, seja em seu processo de formação, seja em sua atividade profissional. Neste sentido, buscou-se defini-los de maneira clara, de modo a que se tornassem úteis à prática do ator, a fim de se tornarem instrumentos, *materiais*. Além disso, a diferenciação entre os três elementos em questão tornou-se essencial na medida em que define ainda mais precisamente o conceito de ação física, considerada nesta pesquisa como eixo do trabalho do ator-compositor.

Tais definições, não sendo arbitrárias, pois são fruto de indicações e sugestões presentes nos escritos dos artistas tratados, ao mesmo tempo não são simplificações. Se examinarmos textos como o *Dicionário de Teatro*[180], de Patrice Pavis ou *Práticas e Linguagens Gestuais*[181],

180. P. Pavis, *Dicionário de Teatro*, São Paulo, Perspectiva, 1999.

181. A. J. Greimas *et alli.*, *Práticas e Linguagens Gestuais*, Lisboa, Editorial Veja, 1979.

de Greimas e Kristeva, entre outros, veremos que tais definições estão presentes enquanto possibilidade. Além disso, elas têm o mérito de serem acessíveis e fornecerem estímulos à prática teatral, de não serem, neste sentido, frutos de mirabolantes reflexões teoréticas.

2.4. RELAÇÕES INTRATEXTUAIS: ELEMENTOS DE CONSTRUÇÃO DRAMATÚRGICA

A palavra *texto*, como dito anteriormente, em seu sentido semiótico, diz respeito à própria obra analisada em seus aspectos constitutivos. Mas a palavra *texto* significa também "tecendo junto". É a partir desse sentido que cabe entender, nesse caso, o conceito de "dramaturgia". Ou seja, enquanto *drama-ergon* – trabalho das ações.

As "relações intratextuais" são, portanto, aquelas que estão contidas no "texto" (obra), e que envolvem, por sua vez, os elementos que "tecem" a trama. Dos elementos que "tecem a trama", no caso do trabalho do ator, já vimos, entre outras coisas, a ação física, nesta pesquisa reconhecida como eixo de sua prática. Nesta parte do trabalho veremos alguns casos que podem ilustrar certas possibilidades de relação entre a ação física e outros elementos do espetáculo: o espaço, o figurino, os objetos, a luz, a música e a palavra.

2.4.1. A Ação Física e o Espaço

Como vimos em Laban, na relação entre corpo e espaço, o corpo, através da ação física com seus elementos, pode deixar de ser simplesmente um elemento que está contido no espaço; o corpo pode interferir e construir o espaço alterando a sua percepção e a percepção do espectador. A alteração do espaço, dessa forma, muitas vezes é percebida através de uma alteração na qualidade de presença do ator ou atuante (esforço).

Para desenvolver a percepção em relação à cinesfera, Laban fazia com que seus alunos efetuassem exercícios no interior de poliedros construídos para tal fim.

2.4.2. *A Ação Física e o Figurino*

Sobretudo nos teatros orientais, na *Modern Dance,* nas formulações de Artaud e na tradição da dança alemã que gerou o *Tanztheatre*, deparamo-nos com casos em que o figurino não é utilizado simplesmente para caracterizar psicologicamente ou socialmente a personagem.

Ele tem um valor em si enquanto "signo móvel" produtor de significados, contribuindo assim para a produção de sentido do espetáculo. Nesses casos o figurino assume muitas vezes, também funções cenográficas, fornecendo informações sobre a situação e o local onde se passa a cena.

A fotografia acima registra um momento do espetáculo *Lamentation*, criado e atuado por Martha Graham. Vemos nesse caso que o figurino, a partir da utilização de Graham, não "caracteriza" simplesmente a personagem em termos psicológicos ou sociológicos. O figurino nesse caso, "atua", tornando-se ele mesmo um signo móvel.

2.4.3. A Ação Física e os Objetos

Utilizarei como referência os teatros orientais, mais especificamente o Nô e o Kabuki. Na imagem abaixo, vemos um ator representando uma personagem feminina. A ação é aquela de "chorar", executada através da manipulação do leque (*sensu*). O leque, assim como outros objetos, é utilizado de diferentes maneiras, adquirindo dessa forma, diferentes

significados. No caso do leque, além da ação de "chorar", ele pode ser uma "flauta", uma "garrafa de chá", uma "borboleta"...

A busca pela descoberta de novas significações a partir da relação entre ação e objeto, está presente no processo criativo e nas obras de muitos diretores, como Meierhold, Artaud, Grotóvski, Barba e Peter Brook.

2.4.4. A Ação Física e a Luz

A referência utilizada neste caso será Loïe Fuller. Pesquisadora das possibilidades de relação entre *ação*, *iluminação* e *utilização do figurino*, ela inovou a utilização desses materiais. Influenciou e foi influenciada pela *art noveau* e pelo impressionismo. Foi considerada a "musa do simbolismo" com suas coreografias interpretadas como

expressão de ideias e processos mentais. Através dos jogos de luz sobre a seda, conseguia criar um efeito da cor que se liquefazia em uma superfície mutável.

2.4.5. A Ação Física e a Música

Analisaremos dois casos: Dalcroze e Meierhold.

No caso de Dalcroze, como já dito na primeira parte deste trabalho, o objetivo era aquele de fazer com que o corpo chegasse a materializar a música em cena. Dalcroze elabora, nesse sentido, exercícios de polirritmia e polidinâmica cada vez mais complexos a fim de capacitar o corpo a traduzir estruturas musicais elaboradas.

Em Meierhold a utilização da música deu-se em diferentes níveis. Ele inclui a Eurítmica de Dalcroze no programa dos Laboratórios Superiores Teatrais de Estado (GVYTM)[182]. No programa do curso de biomecânica vemos no item "r" a indicação de Meierhold para que sejam construídas duas partituras as quais deveriam estar relacionadas, uma partitura de movimentos e uma partitura musical[183]. Mas a importância da música para Meierhold vai muito além, como podemos ver na descrição do processo de ensaios de *Mestre Bubus*, em que propõe uma revisão do método de interpretação do ator.

> [...] o ator deve absolutamente rever seus métodos de interpretação. Sem a música a interpretação torna-se mais fácil. [...] Quanto aos métodos de interpretação, percebi em diversos ensaios que muitos não se preocupam absolutamente com os gestos, que com o fundo musical tornam-se extremamente importantes[184].

Nesse espetáculo Meierhold aprofunda as possibilidades de relação entre "gesto" e "música", relação esta geradora de associações mentais no espectador, e colhe dados fundamentais para a elaboração da "pré-interpretação"[185]. O ator e diretor russo constata que a música, por intermédio do ritmo, exige uma nova qualidade gestual, muito mais precisa. O ritmo para Meierhold é o fundamento de todo movimento, e deve inserir-se no tecido da interpretação, com o corpo e a voz tornando-se elementos de orquestração. O reconhecimento da importância determinante da música, para Meierhold, encontra sua evidência máxima na busca de elaboração de uma "notação teatral" – o *livro-cronômetro*.

182. V. Meierhold, *L'Attore Biomeccanico*, *op. cit.*, p. 65.

183. *Idem*, p. 68. Meierhold, a partir da sobreposição entre as duas partituras, buscava a construção de uma polifonia cênica.

184. V. Meierhold, *L'Ottobre Teatrale*, *op. cit.*, pp. 222 e 224.

185. As "associações" produzidas pela relação entre "gesto" e "música" substituiriam, para Meierhold, os inconvenientes ligados à "memória emotiva", proposta por Stanislávski.

Mais próximo dos teatros orientais que de Dalcroze, Meierhold, com seus "atores musicais", buscava não somente materializar a música, mas, assim como no kabuki e na Ópera de Pequim, "dialogar" com ela, criando também tensões e contrastes. Meierhold não utilizava a música para construir atmosferas, e não a via – como Dalcroze, Wagner e Appia – como matriz a ser simplesmente traduzida pelos outros elementos do espetáculo. Ele a via como forma de arte que continha princípios a serem assimilados pelas ações e palavras do ator. Dessa forma, Meierhold reconhecia, a partir dessa prática, um percurso específico de preenchimento das ações, que não parte apenas dos conteúdos, mas da materialidade da música, ou seja, da relação "material" entre música e ação.

> Por exemplo, havia um monólogo que necessitava ser expresso com exaltação. A atriz deve fazer compreender que estavam por acontecer fatos importantes, e começava a interpretar com particular ardor. Mas, por mais que se esforçasse, era insuficiente; recorria também aos gestos, mas não bastava. Que fez então? Elevou ao máximo a sua exaltação e começou a mover-se no ritmo da música. Então o público disse: "Chega até a dançar, é esplêndida!" E assim conquistou o público. Não com as falas, nem com a mímica ou com outros recursos, mas somente quando fundiu a sua interpretação com a orquestra[186].

2.4.6. A Ação Física e a Palavra

Stanislávski e Meierhold serão as duas referências utilizadas, neste caso.

No item 2.1.1 vimos alguns aspectos ligados ao Método das Ações Físicas. Foram descritas duas etapas. Na primeira etapa, como vimos, o ator deveria extrair dados das situações que envolviam as personagens, para, em seguida, improvisar tais situações a partir de ações e utilizando as próprias palavras. Nessa etapa o diretor deveria intervir a fim de fazer com que o ator perceba a contra-ação da personagem e a ação transversal da peça. Somente na segunda etapa o ator pode utilizar-se das palavras do texto escrito pelo autor.

Nessa inversão feita por Stanislávski, colocando o texto como material a ser trabalhado na segunda etapa, podemos reconhecer duas implicações: a constatação de que a palavra, assim como as ações, deve ser preenchida e justificada. Os processos de preenchimento e justificação da ação e da palavra, porém, envolvem estratégias diferentes e estão localizados em momentos distintos do processo de criação; o estabelecimento de um percurso na construção da personagem que parte das ações para depois chegar às palavras.

Vários são os elementos utilizados por Stanislávski no trabalho com a palavra: as acentuações; as pausas lógicas e psicológicas; o

186. V. Meierhold, *L'Ottobre Teatrale*, p. 222.

tempo-ritmo; qualidades como suavidade, fluência, rapidez, leveza e claridade. Trabalhou com as variações rítmicas utilizando textos escritos em prosa e em verso. A fim de desenvolver a percepção com relação às variações rítmicas nos dois tipos de texto, propõe o exercício de ta-ta-ti-ra-rizar, que possibilita o deslocamento da atenção do ator para a musicalidade das palavras e não somente para o seu conteúdo. Os textos em verso suscitam de modo diferente as sensações e percepções do ator, sensibilizando-o de maneira mais concreta em relação ao tempo-ritmo. A utilização de todos os elementos citados, sobretudo o tempo-ritmo, tem como finalidade ativar processos interiores no ator, através da construção de "imagens".

> [...] não falem para o ouvido, mas, sim, para os olhos de seu comparsa em cena[187]. [...] Em breve, trabalharemos sobre o texto. Devemos utilizar na atividade verbal os estímulos já elaborados para as ações. [...] Stanislávski não admitia uma só frase, uma só palavra vazia, que não fosse iluminada pela *imagem interior*[188].

Podemos reconhecer, portanto, o importante papel da visualização na construção de tais imagens. É a partir da construção das imagens interiores que o ator pode fazer com que a utilização da palavra se transforme em *ação verbal*. "A ação verbal requer a habilidade do ator em contagiar o parceiro com as próprias imagens. Para fazer isso, o ator em primeiro lugar deve ter uma visão tão clara que obrigue o parceiro a ver a imagem do que ele fala"[189].

Reconhecida a existência desses dois tipos de ação, ação física e a ação verbal, Stanislávski passa a experimentar diferentes possibilidades de sobreposição entre elas. Para cada sobreposição ele utilizava diferentes tempos-ritmos.

> O exercício seguinte obrigava-nos a combinar numa só pessoa três tempos absolutamente diferentes, marcados por três metrônomos. Para justificar isto foi proposto o seguinte: Digamos que sou um ator e estou me aprontando para uma representação. Estou recitando versos e enunciando-os deliberadamente com pausas, seguindo a marcação de tempo do primeiro metrônomo. Enquanto faço isto, sinto-me tão nervoso que ando de um lado para o outro do camarim, no tempo do segundo metrônomo e, simultaneamente, visto-me às pressas, ato a gravata etc., no tempo rapidíssimo do terceiro metrônomo[190].

Em Meierhold, também com relação à palavra, a música assume um papel fundamental. Vários são os exemplos utilizados pelo diretor russo relacionados à busca de aplicação de conceitos musicais no trabalho com esse elemento. "É preciso saber jogar com as

187. C. Stanislávski, *A Construção da Personagem*, *op. cit.*, p. 171.
188. V. O. Toporkov, *Stanislávski alle Prove*, Milano, Ubulibri, 1991, pp. 123-124.
189. *Idem*, p. 128.
190. C. Stanislávski, *A Construção da Personagem*, *op. cit.*, p. 224.

modulações, isto é, com as passagens entre uma parte (ou personagem) e outra. A modulação é aquele estágio intermediário entre um trecho e outro"[191].

Aqui vemos o conceito de *modulação* – em música, a passagem entre duas tonalidades – sendo aplicado à execução de diálogos entre as personagens ou trechos que devem ser ditos por uma mesma personagem.

Porém, não é em função da busca de Meierhold em aplicar conceitos musicais à prática da palavra, que podemos reconhecer a especificidade de seu trabalho, nesse caso. Como vimos, também Stanislávski se utilizava de conceitos musicais no trabalho com a ação e a palavra, sobretudo o "ritmo".

Em Meierhold, a partir de seus escritos ou registros feitos sobre o seu fazer teatral, podemos reconhecer diferentes processos no trabalho com a palavra. Se, por um lado, vemos também em seu trabalho um percurso que parte de movimentos geradores de ações, com a palavra sendo inserida em um momento posterior; por outro, Meierhold, em vários momentos, fala de uma "palavra geradora de ações". "As poses, os movimentos e os gestos nascem da palavra com todas as suas possibilidades expressivas e, contemporaneamente, a palavra torna-se a concretização das construções plásticas"[192].

Ou seja, a palavra é o ponto de chegada de um percurso que parte dos movimentos, mas pode também ser um elemento gerador de movimentos e ações. A relação entre palavra e movimento é vista, portanto, em duplo sentido. Dessa forma, além de tornar-se clara a presença no programa do curso de biomecânica do item "palavra-movimento"[193], é a partir desse duplo sentido que podemos reconhecer a especificidade do trabalho de Meierhold com a palavra.

Se recordarmos a descrição efetuada no capítulo inicial, sobre as etapas ligadas ao Método das Ações Físicas de Stanislávski, veremos que na primeira fase do método, o ator, a partir de dados extraídos do texto, deveria construir as ações utilizando-se das próprias palavras. Então, poder-se-ia dizer que o duplo sentido entre ação e palavra também está presente nas elaborações do fundador do TAM. É a partir deste ponto que podemos reconhecer as diferenciações entre os dois processos com a palavra, colocados em prática pelos dois artistas russos.

De fato, a diferença entre eles não reside na existência do duplo sentido descrito, mas em como este duplo sentido se dá, em "como" ele é proposto nos dois casos. Em Stanislávski, ainda que a palavra possa também ser considerada uma fonte geradora de movimentos e

191. V. Meierhold, *L'Attore Biomeccanico*, *op. cit.*, p. 115.
192. *Idem*, p. 20.
193. *Idem*, p. 68, item "u".

ações, tais movimentos e ações estão fortemente ancorados no aspecto semântico das palavras. Stanislávski, partindo da extração de dados que possibilitem a construção das situações presentes no texto dramático, automaticamente ancora a utilização das palavras nos significados implícitos em tais situações. Em Meierhold o que vemos é diferente. A matriz primeira, utilizada pelo criador da biomecânica, aplicada ao ator, não parece ter sido o texto com suas implicações semânticas imediatas, mas sim a música.

> É verdade, em "Komandarm 2" há pouca música. Isso, não obstante, é um aspecto musical porque quando se passa da leitura do libreto à leitura com a orquestra, é como se não se percebesse, a música parece introduzir-se por si só. [...]
>
> Quando Prokofiev veio a um de meus espetáculos, disse-me que sonhava escrever uma ópera para o teatro dramático que possuísse um ator muito dotado musicalmente, que interpretasse sobre um fundo musical de modo a que o público não percebesse que as falas estivessem sendo cantadas e que o canto se aproximasse da língua falada[194].

A "musicalidade" deveria ser, para Meierhold, o fio condutor do espetáculo.

> Devemos olhar o espetáculo como sendo uma coisa em contínuo movimento, em progressão constante, para que o ator saiba que não lhe é pedido somente para que entre em cena e diga a sua fala. Ao contrário, ele deve estar consciente do nível de tensão que os seus colegas criaram em cena antes de seu ingresso para não destruir tudo, mas inserir-se e continuar o movimento musical[195].

Tendo a música como matriz do trabalho com as palavras, Meierhold também nesse caso, assim como no das ações, explora a revelação dos aspectos materiais, a revelação da materialidade das palavras[196]. Por meio da utilização das palavras do texto a partir dos elementos contidos na música – ritmo, modulação, síncope, sustenido e bemol, tonalidade, polifonia... – pode-se revelar possibilidades de significação existentes nessas mesmas palavras, possibilidades estas impossíveis de serem alcançadas se se parte dos aspectos semânticos contidos *a priori* no texto. Tal processo, por outro lado, é coerente com as informações já apresentadas no item 2.2.1 a respeito da importância dos formalistas russos enquanto referência teórica e intelectual para Meierhold. O artista russo, explorando as possibilidades de significação da materialidade das ações e das palavras a partir dos

194. V. Meierhold, *L'Attore Biomeccanico*, *op. cit.*, p. 114.

195. *Idem*, p. 115.

196. Como já visto no item 2.2.3, Artaud, a partir de diferentes abordagens, também busca a materialidade da palavra. Porém, em seus escritos, poucos são os dados referentes à relação entre a palavra e a ação ou gesto. Tal fato nos fez optar pela não inclusão das elaborações do artista francês sobre a palavra nete item da dissertação.

elementos da música, reconhece, assim como os formalistas russos, o significante enquanto gerador "em si" de significados. Tanto ele quanto Stanislávski elevaram a utilização da palavra à ação verbal, mas Meierhold propõe processos específicos e diferenciados para o seu preenchimento e justificação, fazendo de sua materialidade uma fonte de significações.

A partir da exploração da materialidade das ações e das palavras, como descrito acima, Meierhold coloca indiretamente uma outra questão: a da "intencionalidade" no trabalho artístico e, mais especificamente, no caso do trabalho do ator. Partindo da materialidade das ações e palavras e não dos aspectos semânticos presentes no texto, o ator é forçado a colocar-se diante de um objeto "não conhecido *a priori*". Somente a partir de sua execução poderá ele "descobrir" as suas possibilidades de significação.

Portanto, a relação que o ator ou atuante estabelece, através da ação física, com os outros elementos do espetáculo, contém especificidades. Tais elementos, nesse caso, não são simplesmente instrumentais ou mesmo acessórios que significam em si, mas passam a adquirir um significado a partir de sua utilização por parte do ator, por meio da ação física. Tal utilização exige do ator, por sua vez, uma atitude diferenciada: ele deve fazer dos elementos com os quais se relaciona uma "fonte de estímulos" que pode levá-lo à descoberta de diferentes possibilidades expressivas. Dessa forma, o espaço, o figurino, os objetos, a luz, a música e a palavra, passam a ser "atuados" pelo ator. Na relação com a ação física, esses elementos podem também "atuar".

2.5. A AÇÃO FÍSICA COMO ELEMENTO ESTRUTURANTE DO FENÔMENO TEATRAL: UMA HIPÓTESE

No início da segunda parte deste trabalho, vimos como o conceito de ação física, na última fase da carreira de Stanislávski, transformou os elementos já criados anteriormente e gerou outros. Em seguida examinamos, a partir do reconhecimento de alguns casos, o processo de desenvolvimento e alargamento desse conceito. Por fim, vimos como a ação física pode, na relação com os outros elementos do espetáculo, transformar e revelar possibilidades ligadas a esses elementos, estas não concretizáveis sem a sua intervenção.

Se pensarmos, por exemplo, nas possibilidades especificamente ligadas à ampliação do conceito de "memória", surgidas já no trabalho de Stanislávski com as ações físicas, veremos que elas estarão presentes em diferentes práticas teatrais do século XX. Basta lembrar Grotóvski, Kantor, Bob Wilson ou Pina Baush, e refletir sobre a relação entre "ação" e "memória" em cada um desses casos. Poderíamos, então, reconhecer outra característica da ação física: a ação física como possível célula geradora de outras poéticas e práticas teatrais.

Dessa forma, a partir de tais considerações, resultantes das análises feitas aqui, torna-se pertinente levantar a hipótese da ação física como elemento estruturante do fenômeno teatral. Caberia a pergunta: a ação física seria o elemento estruturante de quais fenômenos teatrais? De todos? Nesse ponto, tal questão torna-se complicada. Porém, pode-se dizer, provisoriamente, que a ação física pode ser o elemento estruturante dos fenômenos teatrais que têm o ator/atuante como seu eixo de significações.

Tal hipótese, que conta neste trabalho com amplas justificações para ser levantada, permanece portanto provisoriamente em aberto, devendo ser verificada mais profundamente em outros estudos e pesquisas.

Tendo analisado a ação física, sobretudo enquanto "ato", examiná-la-emos, na terceira parte deste trabalho, a partir do ponto de vista do "processo". Tal reflexão se dará em dois níveis: o da improvisação e o da personagem/actante.

3. O Ator-Compositor

3.1. IMPROVISAÇÃO: ESPAÇO MENTAL – MÉTODO – INSTRUMENTO

> *O mundo invisível não tem forma, não muda nunca, ou pelo menos não sofre modificações como nós as entendemos. O mundo visível está sempre em movimento, sua característica é a fluidez. Suas formas vivem e morrem*[1].

As tensões entre o visível e o invisível. É a partir delas que Peter Brook parece conduzir suas pesquisas que têm como núcleo o ator. Como colher o invisível, como manter as "centelhas de vida" (*sparks of life*) presentes nas ações executadas pelos atores? É sobre o "como" que a atenção do diretor inglês se concentra. Mas este "como" não diz respeito somente às resoluções de questões puramente técnicas ou conceituais, mas se refere também à atuação enquanto experiência existencial, que envolve portanto todos os processos perceptivos, sen-so-riais e intelectuais do ator.

> Grotowski expôs cada ator a uma espécie de choque, levando-o a confrontar-se consigo mesmo, cara a cara com os desafios simples e irrefutáveis; a reconhecer as suas atitudes evasivas, seus truques e seus modelos estereotipados; a perceber parte de suas enormes energias não utilizadas; a interrogar-se sobre o próprio fato de ele ser um ator [...][2]

1. P. Brook, *A Porta Aberta*, Rio de Janeiro, Civilização Brasileira, 1999, p. 74.
2. P. Brook, *Il Punto in Movimento*, Milano, Ubulibri, 1987, p. 40.

Nesse trecho vemos um depoimento de Peter Brook sobre um trabalho desenvolvido por Grotóvski com seus atores em Londres. Apesar das diferenças presentes no trabalho desses dois artistas, existem muitos pontos em comum entre eles. A atividade teatral ou performática, no caso destes dois criadores, passa a ser um canal de investigação e de busca de descobertas que serão geradoras de transformações perceptivas, sensoriais, intelectuais... Dessa forma, o trabalho é permeado por uma atitude de "abertura existencial", de "suspensão de juízo" que tem como objetivo perceber o não percebido, descobrir o que está escondido, tornar visível o invisível. Vários são os procedimentos utilizados para tal fim, procedimentos estes que podem ser descartados ou alterados. Esse aspecto, relativo à utilização ou ao descarte de procedimentos criativos, torna-se relevante à medida que nos mostra que o valor não se encontra na execução de tais procedimentos em si, mas sim no processo de busca do que ainda não foi percebido. Com Brook e Grotóvski somos levados a perceber a presença no processo de trabalho, não de um repertório de técnicas, mas percebemos a natureza da técnica enquanto código resultante da formalização de princípios. São os princípios que geram as técnicas. Nesse sentido um mesmo princípio pode encontrar diferentes possibilidades de formalização, ou seja, pode ser gerador de diferentes "técnicas".

Em ambos os casos cabe reconhecer a existência de procedimentos que adquirem sentido somente a partir de necessidades que estão relacionadas a cada processo de investigação. Tais necessidades por exemplo, a de conquistar e manter uma expressividade "viva", a de captar o imperceptível... além de gerarem práticas, são também produtoras de uma "moldura", de um "espaço" específico, de um "espaço mental".

No processo de construção dos espetáculos de Grotóvski e Peter Brook[3], não vemos uma estratégia estabelecida de aplicação de técnicas, mas uma prática de procedimentos diferenciados em cada espetáculo, que podem estar presentes também internamente em cada espetáculo. Em *Príncipe Constante*, por exemplo, Grotóvski estabelece um processo de relação diferenciado entre Cieslak e os outros atores. Em Cieslak, no percurso de construção de sua partitura de ações, foram utilizadas algumas de suas experiências pessoais. Já no processo com os outros atores, tal recurso não foi aplicado pelo diretor polonês. Em *Apocalipsis cum Figuris*, último processo de pesquisa de Grotóvski apresentado enquanto espetáculo, as referências e procedimentos utilizados se diferenciam em relação ao descrito anteriormente, assim como os elementos envolvidos na construção das ações dos atores.

3. Creio que também Pina Bausch possa ser reconhecida nessa categoria. Optei, porém, por não inseri-la, sobretudo por não julgar suficiente o conhecimento que tenho sobre esse aspecto em seu trabalho.

Também em Peter Brook, se tomarmos como exemplo *Marat Sade* e o compararmos ao *Mahabharata* ou *A Tempestade*, veremos resultados estéticos diferentes, assim como diferentes técnicas de atuação em um mesmo espetáculo. No entanto, seja no caso de Grotóvski como no de Peter Brook, tais características não levam a uma perda de unidade, seja do espetáculo, seja da própria poética. Pelo contrário, tais características poderiam ser definidoras de um ponto em comum entre essas poéticas. As técnicas e procedimentos técnicos, nesses dois casos, não possuem uma razão de ser estática e definitiva. São recursos que podem ser utilizados ou descartados em função da necessidade de descobertas e transformações relacionadas ao objeto ou objetos de investigação. Existe em tais poéticas, um elemento gerador de práticas, que ao meu ver pode-se reconhecer, como já mencionado, na improvisação enquanto "espaço mental".

Utiliza-se o conceito "mental" enquanto relativo às experiências espirituais[4], e que está ligado, nesse caso, à "inversão do cogito" presente nas elaborações de Sartre e Merleau-Ponty. O "existo, logo penso", levando à instauração de uma tensão dialética entre o "em si" e o "para si", gera por sua vez uma espiral fenomenológica que não tem um ponto de chegada estabelecido, pois o "para si" é "sustentado por uma perpétua contingência, uma contingência perpetuamente evanescente"[5].

Dessa forma, a instauração de um "espaço do possível" que não é traduzível por uma corporeidade imutável, tem a função de permitir a emergência de diferentes olhares, percepções e descobertas que são determinantes para a transformação, seja do homem-ator, seja do público.

Se, por outro lado, pensarmos no trabalho proposto por Viola Spolin, ou ainda naquele desenvolvido na primeira fase do Thèâtre du Soleil por Arianne Mnouchkine, independentemente dos diferentes elementos e códigos utilizados, podemos reconhecer uma função diferenciada assumida pela improvisação. Nesses casos, ela age como eixo pragmático de construção do espetáculo e das personagens. Ela age como "método". A partir de temas, ideias, perguntas ou jogos, faz-se um levantamento de ações, cenas etc., que serão selecionadas em um momento posterior. E será a partir dessa seleção posterior que o espetáculo e as personagens serão trabalhados e aprofundados, podendo-se nessa fase inserir textos, músicas...

Podemos reconhecer ainda a existência de uma terceira prática improvisacional – aquela da improvisação enquanto "instrumento". A improvisação, nesse caso, é sobretudo o elemento que viabiliza a

4. A. Lalande, *Vocabulário Técnico e Crítico da Filosofia*, Porto, Editora Rés, 1973, p. 81.

5. G. A. Bornheim, *Sartre*, São Paulo, Perspectiva, 1971, p. 57.

construção de uma personagem já supostamente conhecida, presente em textos literários, dramáticos ou não dramáticos.

Apesar das especificidades, os três casos citados neste trabalho, relativos às práticas improvisacionais – "espaço mental"; "método" e "instrumento" – envolvem, porém, a partir de percursos específicos, de um lado, a construção de ações, e de outro, a manutenção do "preenchimento" das ações, da manutenção de tais ações "em vida". Tais ações, no entanto, como descrito no "quadro das ações físicas"[6], podem ser geradas por diferentes matrizes e constituídas por diferentes elementos e procedimentos de confecção. E aqui nos deparamos com um aspecto importante.

A improvisação enquanto "espaço mental" pode gerar ações a partir de diferentes matrizes em um mesmo espetáculo. Ela pode envolver a tradução em ações de outras formas de arte, como a pintura, escultura, música ou literatura; pode envolver a tradução em ações de experiências pessoais abstratas ou complexas; pode envolver a tradução em ações de diferentes conteúdos, conceitos, temas... Ou seja, nesse caso o ator não só deverá ser apto a "traduzir" em ações as múltiplas referências que poderão ser utilizadas no processo criativo – operando assim traduções intersemióticas – como também deverá ser capaz de constituir um sentido a partir da utilização e concatenação de materiais de diferentes naturezas. Dessa forma, o caráter "híbrido" que constituirá a sequência definitiva de ações impõe uma ulterior dificuldade: como justificar internamente tais sequências, a fim de conquistar uma unidade para a atuação? Retomarei esta questão mais adiante. Além disso, uma característica que atribui especificidade a esse processo é a atitude de busca, por parte do diretor e dos atores, de um "desconhecido" gerador de experiências pregnantes e transformadoras.

Na improvisação enquanto "método" o processo de criação tem como suporte, geralmente, conteúdos elaborados através de temas, situações... Também aqui o ator deve eventualmente ter uma "competência intersemiótica", devendo traduzir conceitos e conteúdos em ações. O ator, também nesse caso, deverá preencher de sentido não somente as ações, como também as transições existentes entre elas. A especificidade da improvisação como "método" está no fato de ser uma prática que deve partir de matrizes que não possuem um objeto elaborado ou acabado.

Na improvisação como "instrumento" podemos reconhecer a existência de diferentes modalidades. Também nesse caso, a improvisação pode ser um canal de tradução de diferentes matrizes. Porém, a sua diferença em relação à improvisação enquanto "espaço mental" ou "método" consiste na presença, nesse processo, de uma intencio-

6. Ver p. 102.

nalidade já constituída. Ou seja, sabe-se já o que se está buscando, existe a consciência de qual é o resultado a que se quer chegar. O papel da improvisação, aqui, é somente o de conduzir o ator para que ele chegue ao resultado esperado.

Se pensarmos a improvisação não apenas como processo de construção do espetáculo, mas também como canal que viabiliza a construção das personagens, veremos emergir várias formas de especificacão. Em Stanislávski, na aplicação do Método das Ações Físicas, em Meierhold, Tchékhov e Brecht, podemos reconhecer a presença de práticas improvisacionais construtoras dos aspectos constitutivos da identidade da personagem. Já em Laban, Decroux, Barba, Grotóvski e no Kabuki, podemos reconhecer práticas improvisacionais que buscam ainda a construção de uma identidade, mas que se diferencia da primeira, à medida que, em tais casos, parece estar presente um outro conceito de ser ficcional: o actante[7].

Dessa forma, para podermos dar continuidade a esta reflexão sobre a improvisação como canal que viabiliza a construção de seres ficcionais, devemos primeiramente, portanto, buscar examinar algumas questões relativas aos conceitos de "personagem" e de "actante".

3.2. A PERSONAGEM E O ACTANTE: AINDA A UNIDADE PSICOLÓGICA?

Como sabemos não existe o "teatro", existem "teatros". Teatros muito diferentes entre si, que se utilizam de diferentes matrizes no processo de criação do próprio fenômeno. Há teatros que partem do texto dramático, outros de imagens coletadas, outros de experiências vividas, outros ainda de técnicas já constituídas...

Assim como no processo de construção do espetáculo, também na construção dos seres ficcionais podemos reconhecer a utilização de diferentes matrizes. Porém, neste item do trabalho, optamos por refletir sobre os diferentes seres ficcionais a partir da utilização da matriz "texto dramático". A razão que me levou a tal escolha é clara: o texto escrito, sendo um objeto acabado e acessível a todos, torna-se dessa forma uma referência coletiva, um patrimônio comum de análise e reflexão.

Observemos os trechos que se seguem:

7. Examinaremos os diferentes tipos de actante no item 3.2 deste trabalho.

Trecho 1[8]

STANLEY – Você deixou o telefone fora do gancho.

(Vai até o telefone propositalmente e recoloca-o no gancho. Depois de o ter recolocado, ele a fita novamente, com a boca lentamente curva num sorriso malicioso, enquanto anda entre Blanche e a porta da rua. O piano blue, até então quase inaudível, começa a martelar mais alto. Seu som se transforma no rugido de uma locomotiva que se aproxima. Blanche se agacha, tampando as orelhas com as mãos até que ele se afasta.)

BLANCHE (*recompondo-se finalmente*) – Deixe-me... deixe-me passar!

STANLEY – Passar? Claro. Pode passar... (*Dá um passo para trás no sentido do vão da porta.*)

BLANCHE – Não. Você fique... fique ali! (*Indica uma posição mais distante.*)

STANLEY (*sorrindo maliciosamente*) – Você tem espaço de sobra para passar por mim agora.

BLANCHE – Não com você aí! Mas eu tenho de sair de alguma forma!

STANLEY – Acha que eu vou interferir? Há, há!

(O piano blue soa suavemente. Ela se volta, confusa, e faz um gesto desalentado. As vozes inumanas, como numa selva, aumentam de intensidade. Ele dá um passo em direção a ela, mordendo a língua, que se espicha entre os seus lábios.)

STANLEY (*suavemente*) – Pensando bem, talvez não seria mau... interferir...

(Blanche se move para trás, através da porta, em direção ao quarto.)

BLANCHE – Fique aí, não dê nem mais um passo, senão...

STANLEY – O quê?

BLANCHE – Vai acontecer uma coisa terrível!

STANLEY – Que papel você está representando agora?

(Agora, ambos estão dentro do quarto.)

BLANCHE – Eu estou avisando. Não faça isso. Eu estou em perigo!

(Ele dá outro passo. Ela quebra uma garrafa na mesa e o encara, agarrando o gargalo quebrado.)

STANLEY – Para que você fez isso?

BLANCHE – Para espetar essa garrafa na sua cara.

STANLEY – Você é bem capaz disso.

BLANCHE – Sou, sim!... É o que vou fazer se...

STANLEY – Ah, então você quer violência? Muito bem, vamos ser violentos!

(Ele salta na direção dela, virando a mesa. Ela dá um grito e o golpeia com o gargalo da garrafa, mas ele a agarra pelo pulso.)

STANLEY – Largue, vamos! Largue a garrafa, sua gata-do-mato! A gente tinha esse encontro desde o começo!

8. Tennessee Williams, *Um Bonde Chamado Desejo*, São Paulo, Editora Abril, 1980, pp. 206-209.

(Ela geme. O gargalo da garrafa cai. Ela cai de joelhos. Ele olha a figura inerte de Blanche e a carrega para a cama. O trompete e a bateria do Quatro Naipes soam alto.) [...]

Trecho 2[9]

CAPELÃO – Eu lhe trago um recado de seu filho Eilif, e o Cozinheiro quis vir porque gostou da senhora.

COZINHEIRO – Eu vim só para tomar um bocado de ar fresco.

MÃE CORAGEM – Pode tomar todo o ar que quiser, desde que se comporte com decência, pois, do contrário, eu já sei o que faço com vocês. Quer ainda o quê? Dinheiro, eu não tenho mais!

CAPELÃO – A bem dizer, o recado é para o irmão dele, o senhor Intendente.

MÃE CORAGEM – Não está mais aqui em lugar nenhum. E não é Intendente do irmão dele! É melhor o Eilif não tentar, e tomar jeito. *Dá-lhe dinheiro da sacola que traz pendurada.* Dê isto a ele! É pecado fazer chantagem com o amor materno, e ele devia ter vergonha.

COZINHEIRO – Ele não demora a ter de seguir com o Regimento, quem sabe, talvez para a morte. A senhora devia dar mais um pouquinho, para depois não ter remorsos. Vocês, mulheres, são duras assim, mas depois se arrependem. Um copinho de cachaça não custava nada, mas não dão; e quem sabe se daqui a pouco o coitado não estará descansando para sempre debaixo do capim verde, e não vão mais poder desenterrá-lo...

CAPELÃO – Nada de sentimentalismos, Cozinheiro! Morrer na guerra é uma Glória, e não é nenhum azar. Por quê? Esta é uma guerra santa. Não é uma guerra qualquer: é uma guerra muito especial, em que se luta pela defesa da fé. É uma guerra que Deus vê com agrado!

COZINHEIRO – Certo. Por um lado é uma guerra em que se incendeia, se chacina, se saqueia, sem esquecer as mulheres violentadas; mas, por outro lado, é diferente de todas as outras, pois é uma guerra santa, é claro. E ela também deixa a gente com sede, com isso o senhor há de concordar...

CAPELÃO (*à Mãe Coragem, apontando para o Cozinheiro*) – Eu fiz tudo para impedir que ele viesse, mas ele diz que está apaixonado, que vive sonhando com a senhora.

COZINHEIRO (*acendendo um cachimbo*) – Eu só queria um copo de cachaça servido por uma bonita mão, na pior das hipóteses. Mas eu já fui bastante castigado, porque esse Capelão, pelo caminho, fez tanta piada, que eu devo estar vermelho até agora.

MÃE CORAGEM – E com as vestes religiosas! Acho que tenho de dar bebida a vocês, senão são bem capazes de ainda me virem com propostas imorais, para me aborrecerem.

CAPELÃO – É uma tentação, disse uma vez o Capelão da Corte, e não resistiu. *(De passagem dá com os olhos em Kattrin)* Quem é essa criatura encantadora?

MÃE CORAGEM – Não é encantadora, coisa nenhuma: é uma pessoa honrada.

(O Capelão e o Cozinheiro vão com Mãe Coragem para trás da carroça...) [...]

9. B. Brecht, *Mãe Coragem e seus Filhos*, Rio de Janeiro, Paz e Terra, pp. 198-199.

Trecho 3[10]

eu vim ao mundo.

eu passei a ser. eu fui gerado. eu surgi. eu fui crescendo. eu fui parido. eu fui registrado no livro de nascimentos. eu fiquei maior.

eu me movi. eu movi partes do meu corpo. eu movi meu corpo. eu me movi no mesmo lugar. eu me movi do lugar. eu me movi de um ponto para o outro. eu tive de me mover. eu fui capaz de me mover.

eu movi minha boca. eu cheguei aos meus sentidos. eu me fiz perceptível. eu gritei. eu falei. eu ouvi ruídos eu distingui diferentes ruídos. eu produzi ruídos. eu produzi sons. eu produzi tons. eu fui capaz de produzir tons, ruídos e sons. eu fui capaz de falar, eu fui capaz de gritar. eu fui capaz de ficar em silêncio.

eu vi. eu revi o que já havia visto. eu me tornei consciente. eu reconheci o que havia visto antes. eu reconheci o que havia reconhecido antes. eu percebi. eu re-percebi o que havia percebido antes. eu me tornei consciente. eu reconheci o que havia percebido antes.

[...]

A partir dos trechos descritos acima, é possível reconhecer alguns aspectos ligados aos seres ficcionais.

Determinadas sequências de frases e orações, com base em um certo modo de concatenação, podem levar o leitor a perceber tal conjunto de palavras como expressão de um discurso que está inserido em uma situação, e possui uma lógica e uma percepção específicas. Transições carregadas de nuances psicológicas, bem como a instauração de conflitos e contradições, podem reforçar ainda mais essas especificidades, provocando, assim, reconhecimento de um "eu" como agente do discurso. A partir de tais referências, é dado ao ator, através de sua construção corporal e vocal, acentuar ainda mais tal reconhecimento, ou seja, desse "eu" específico.

Os aspectos acima descritos estão relacionados à passagem citada (Trecho 1). Nela vemos personagens que têm, cada uma, um nome próprio. Elas dialogam, e revelam transições repletas de nuances psicológicas através de suas ações. Ou seja, nesse caso, somos levados a ver a personagem como "indivíduo".

Se observarmos, porém, o segundo trecho, podemos reconhecer outros aspectos. Ainda, nesse caso, estamos diante de uma estrutura dialógica inserida em uma situação reconhecível. No entanto, algumas personagens já não possuem nomes próprios, tais como o "Capelão" e o "Cozinheiro". Tal fato, em Brecht, adquire um conotação precisa. Basta recordarmos algumas características já abordadas no segundo capítulo sobre o artista alemão. Em seu "teatro dialético", os objetivos não estão ligados ao exame dos conflitos individuais especificamente, salvo se tais conflitos são reveladores de contradições

10. P. Handke, "Self-Accusation", *Kaspar and other Plays*, New York, Hill & Wang, 1991; tradução de Matteo Bonfitto e Alexandre Krug.

que envolvam as relações sociais. Nesse sentido, também nas personagens caracterizadas pela ausência de um nome próprio é possível reconhecer a presença de contradições, como a do Capelão que elogia a guerra, mas tais características ligadas a essa personagem parecem fazer referência, mais do que a um indivíduo, a uma categoria ou classe de indivíduos. No trecho em questão, somos levados a ver o Capelão, por exemplo, não exatamente como um indivíduo, mas como uma representação ligada a uma classe ou categoria, assumindo nesse caso uma conexão, em termos de reflexão crítica, com a instituição "igreja". Neste caso, então, vemos a personagem não como indivíduo, mas sim como "tipo".

É interessante notar, além disso, que nesse texto de Brecht, parecem coexistir personagens-indivíduo e personagens-tipo. De fato, o artista alemão fornece, nesse caso, um número muito maior de dados que nos levam a reconhecer um indivíduo nas personagens Mãe Coragem e Kattrin, por exemplo, se comparadas às personagens Capelão e Cozinheiro[11].

Com relação a esses dois tipos de personagem, em campo teórico buscou-se em vários momentos esclarecer suas diferenças e especificidades. Uma das mais significativas é a do inglês E. M. Forster[12]. Ele estabelece uma diferença entre *flat characters* (personagens planas) e *round characters* (personagens redondas). A utilização de metáforas espaciais, causando a princípio um estranhamento, é útil para a compreensão de algumas diferenças existentes entre as personagens em questão. Nas personagens planas não existe o elemento tridimensional, responsável, segundo Forster, pela verdadeira complexidade e consequente humanização da personagem. Nelas, o que vemos é praticamente uma exposição de características que constituem a personagem como classe ou categoria. Ou seja, a personagem plana, contendo um traço principal imutável ao longo da obra, não remete aos labirintos de uma lógica e percepção específicas que fazem a personagem "esférica" ser reconhecida como um indivíduo único e insubstituível. Seria impossível, nesse sentido, classificar uma personagem redonda em uma classe ou categoria, em função de suas contradições e de sua complexidade. O plano tem duas faces, mas qual é a face da esfera?

No terceiro trecho citado, podemos reconhecer ainda outros aspectos, diferentes daqueles tratados nos dois primeiros. Nesse trecho

11. Outras referências poderiam ser utilizadas como exemplo da "personagem-tipo", tais como a *Commedia dell'arte*, as comédias de costume, ou mesmo o quadro tipológico de personagens elaborado por Meierhold. Tal exame se faz desnecessário, no entanto, em função da presença, também nesses casos, de características constitutivas de personagens não individualizadas, que remetem sempre a uma classe ou categoria: o vilão, o herói, o estúpido, o galã, o pai severo...

12. E. M. Forster, *Aspects of the Novel*, London, Edward Arnold, 1927.

já não encontramos uma estrutura dialógica. Vemos uma sequência de porções de discurso separadas por um espaço. Todas as frases se iniciam com um "eu" escrito com letra minúscula. Já não há rubricas. A única indicação dada pelo autor é que ele deveria ser feito por dois atores, um homem e uma mulher, e que um megafone poderia ser utilizado. O autor não oferece uma situação, nem fornece dados sobre as personagens. As porções de discurso se sucedem sem uma divisão de falas, como um fluxo fragmentado por espaços vazios. São como células de discurso.

Como traduzir cenicamente um texto como esse? Como construir situações e seres ficcionais, nesse caso? Esta questão adquire um grau de importância ainda maior se levarmos em consideração que esse texto de Handke não é uma manifestação isolada. Se pensarmos em Heiner Müller, Koltès, Novarina etc., veremos que alguns dos aspectos reconhecidos no texto de Handke estão presentes também nesses autores. Tais aspectos, cada vez mais, parecem ser constitutivos de uma dramaturgia contemporânea, que não mais privilegia o enredo e na qual não conseguimos reconhecer a presença seja da personagem-indivíduo, seja da personagem-tipo. Outro conceito se faz necessário nesses casos: é o conceito de actante. "O actante pode ser concebido como aquele que executa ou sofre o ato. [...] O termo actante está relacionado a uma certa concepção de sintaxe que articula o enunciado elementar em funções [...]"[13]

O actante, articulando o enunciado em funções, oferece diferentes possibilidades de reflexão sobre o fenômeno teatral, à medida que, por "enunciado", entende-se "qualquer porção de discurso que veicule um sentido"[14]. Sendo assim, o actante pode envolver não somente seres humanos, mas também animais, objetos... Ou seja, o actante é "tudo aquilo que atua"[15].

As primeiras formulações que levaram ao conceito de actante foram elaboradas por Vladimir Propp[16], morfólogo russo. Ele buscou identificar a fábula como uma espécie de "estrutura-matriz" geradora de todos os possíveis "contos de magia", seu objeto de estudos. Aos elementos invariantes, identificados com as ações das personagens, consideradas como importantes para o desenvolvimento da intriga, ele deu o nome de "funções". Propp reconheceu trinta e uma funções que podem estar presentes em sete personagens. As ações desses seres ficcionais são os únicos elementos que permitem ser agrupados em feixes de funções. Ao definir o conceito de "função", Propp acabou por

13. A. J. Greimas e J. Courtés, *Semiotica. Dizionario Ragionato della Teoria del Linguaggio*, Firenze, La Casa Usher, 1979, p. 40.

14. *Idem*, p. 123.

15. J. Teixeira Coelho Neto, *Em Cena, o Sentido*, São Paulo, Duas Cidades, 1980, p. 28.

16. V. Propp, *Morfologia della Fiabba*, Roma, Newton Compton, 1978.

formular implicitamente o conceito de personagem enquanto "feixe de funções". Vemos aqui a "personagem-função".

Com Greimas[17], amplia-se o emprego das funções, e, por intermédio do conceito de *actante*, busca-se ampliar as reflexões formuladas anteriormente. Ele elabora, nesse sentido, três categorias actanciais: sujeito *x* objeto; remetente *x* destinatário; auxiliar *x* oponente. A partir dessas categorias, Greimas constrói um modelo:

Remetente ⟶ Objeto ⟶ Destinatário
↑
Auxiliar ⟶ Sujeito ⟵ Oponente

Para compreender o modelo actancial é preciso saber que os actantes acima descritos, podem ser assumidos por um ou mais "atores". Por "ator" entende-se, nesse caso, quem assumirá a função ligada a cada actante. Podemos ver, por exemplo, em uma determinada trama, um sujeito que encontra como oponente "o povo" de sua cidade, como em *O Inimigo do Povo*, de Ibsen. Nesse caso o actante "oponente" é assumido pelo ator "povo", um ator coletivo. Além disso, Greimas evidencia dois casos: o do "sincretismo do actante" e o da "dispersão do actante". O sincretismo se dá quando, por exemplo, um mesmo ator assume várias funções actanciais. Em vários textos que envolvem histórias de amor, por exemplo, vemos o sujeito também assumir as funções de destinatário e remetente da ação.

Ele ⟶ Ela ⟶ Ele
↑
Ele

A "dispersão do actante" se dá quando uma mesma função actancial é assumida por vários atores. Em Hamlet, por exemplo, vários atores passam a assumir a função de "oponentes" do príncipe: além do padrasto, também Rosencrantz e Guildenstern, sua mãe, Ofélia...

Por outro lado, a partir das teorizações de Tzvetan Todorov[18], introduz-se questões ligadas à "modalização" das ações, o que amplia os horizontes ligados à funcionalidade dos seres ficcionais. Com a modalização, a ação é obrigada a ser vista não somente enquanto execução,

17. Greimas extrai muitas das componentes de sua teoria das formulações feitas por E. Souriau em sua obra *As Duzentas mil Situações Dramáticas*, São Paulo, Editora Ática, 1993.

18. T. Todorov, *As Estruturas Narrativas*, São Paulo, Perspectiva, 1969.

mas também enquanto intenção ou possibilidade. Ou seja, os seres ficcionais passam a não "ser" somente a partir do que eles "fazem", mas também a partir do que eles "querem fazer", "podem fazer", "sabem fazer" e do que eles "devem fazer". A sua funcionalidade, dessa forma, amplia-se em relação às reflexões de Propp, assumindo agora também o campo da virtualidade.

Sobretudo com o advento da narrativa moderna e contemporânea, podemos ver uma crescente ênfase nos elementos modalizadores dos seres ficcionais. Tal ênfase, por sua vez, pode levar a um desaparecimento em seu feixe de funções, de alguns indicadores. A personagem, nos dois casos vistos anteriormente – a "personagem-indivíduo" e a "personagem-tipo" –, caracteriza-se não só por sua funcionalidade, mas propõe-se também como um ser temporalizado, em decorrência da sucessão lógica a que estão submetidas as suas ações. Se os elementos modalizadores da personagem, por meio de ações virtuais que não se concretizam, são acentuados, pode-se "destemporalizar" a personagem tornando-a "não funcional". Destemporalizando-se, a personagem "espacializa-se", fazendo surgir o "actante-estado".

A personagem-indivíduo e a personagem-tipo diferem do "actante-estado" à medida que, neste último, não encontramos ações passíveis de serem definidas do ponto de vista de sua importância para o desenrolar da intriga, nem é possível identificar em tal ser ficcional uma estrutura lógico-temporal. Poder-se-ia citar inúmeros exemplos de textos pertencentes à dramaturgia contemporânea que contêm o actante-estado. Um exemplo significativo poderia ser *Uma Noite antes da Floresta* (La Nuit juste avant les forêts), de Bernard-Marie Koltès.

Se o processo de modalização das ações é excessivamente acentuado, ele pode levar a uma anulação da personagem enquanto sujeito de um conjunto de predicados, tornando-os não essenciais. Dessa forma, tal modalização pode provocar o desaparecimento da intriga, permanecendo, assim, somente o enunciado. Nesse caso conta-se com um fazer, mas esse fazer é incapaz de contar uma história. Há, dessa forma, um deslocamento de funcionalização da "personagem" para o "texto". É no texto que podemos encontrar, nesse caso, os predicados antes presentes na personagem.

Diferente da personagem-tipo e da personagem-indivíduo, que são os agentes dos predicados distribuídos segundo uma temporalidade imposta pela sucessividade lógica, e do actante-estado, que é destemporalizado em função da modalização das ações, mas que ainda mantém sua referencialidade, nesse caso vemos surgir uma peça do jogo textual. Desreferencializada, ela deve submeter-se à autorreferencialidade do texto. O texto passa a impor as suas leis, é o texto que fala, é o texto que age. Vemos surgir, dessa forma o actante-texto.

A utilização do termo "personagem" nos dois primeiros casos tratados (indivíduo e tipo), e do termo "actante" nos dois outros (actante-estado e actante-texto) não é casual à medida que existe uma ligação necessária entre "personagem" e "máscara".

Noêmia – "Máscara encarnada" possui o mesmo sentido que "personagem"?
Professor – Em média, sim. Mas é claro que, no teatro especificamente, sem se falar da literatura em geral e da dupla leitura do texto dramático, isto é, a literária e a teatral, o conceito "personagem" pode ser objeto de discussão *por si*. De qualquer maneira, no nosso caso este sempre supõe a presença de uma *persona*, ou seja, de uma máscara e de um corpo que vai assumi-la e ao qual irá revestir como "outro" em relação ao "eu" do ator, por delegação estética[19].

No entanto, por questões de unidade de nomenclatura, e sobretudo pelo fato do actante ser "tudo aquilo que atua", de agora em diante considerarei a personagem-indivíduo e a personagem-tipo como elementos da categoria "actante-máscara".

Passemos agora, a partir das informações descritas acima, à analise de o terceiro trecho citado. Como já dito, o autor não fornece situações nem dados que contextualizem os enunciados. O texto é uma sequência de células; as ações são "ditas" pelo texto. O actante, nesse caso, é acentuadamente modalizado, pois efetivamente não "faz", mas fala sobre o "querer fazer", "poder fazer", o "não saber fazer" etc. Não há uma sucessão lógica claramente definida a ponto de constituir uma identidade individual. Completamente destemporalizado e desreferencializado, o actante espacializa-se através do texto. Nesse terceiro trecho, portanto, estamos diante de um "actante-texto".

Há, no entanto, entre os actantes examinados, diferenças internas: se a funcionalidade se concentra no actante-máscara (tipo e indivíduo), por meio da temporalização e da sucessão lógica de suas ações, no caso do actante-estado e do actante-texto, por meio dos processos de desespacialização e desreferencialização, a funcionalidade se desloca progressivamente para o texto.

No item 3.1, reconhecemos três diferentes casos relativos às práticas improvisacionais. Interrompeu-se, então, o discurso, em função da necessidade de esclarecer o estatuto da personagem e do actante. Essa suspensão do discurso se deu a partir de um reconhecimento: assim como para o espetáculo, também no que diz respeito aos actantes, não se pode pensar na improvisação de maneira genérica, como simples tensão entre o programado e o não programado. Reconhecida, nesse trabalho, a improvisação também como prática norteadora da construção dos seres ficcionais; torna-se necessário, saber de "qual" ser ficcional se está falando, em cada caso. De fato, se pensarmos nos

19. J. Guinsburg, *Da Cena em Cena*, São Paulo, Perspectiva, 2001, p. 19.

casos acima examinados, de "actante-máscara (tipo ou indivíduo)", "actante-estado" e "actante-texto", evidencia-se a existência de diferentes práticas improvisacionais.

No caso do actante-máscara – em que estão inseridas a personagem-indivíduo e a personagem-tipo – o processo improvisacional se dá a partir das informações contidas na matriz ou matrizes escolhidas para a construção do espetáculo. Como já foi mencionado, em função das razões já expostas anteriormente, consideraremos como matriz o texto dramático. Sendo assim, o contexto e as situações que envolvem as personagens, os dados e nuances psicológicas extraídos dos diálogos e as rubricas são alguns dos parâmetros que contribuem para a definição do desenvolvimento da prática improvisacional. A improvisação, nesse caso, poderá ser o canal de construção das ações físicas e vocais que, uma vez relacionadas com as sequências de palavras do texto, fará emergir a identidade da personagem. Se, por um lado, a improvisação é utilizada como simples tradução cênica dos parâmetros descritos acima, ou seja, como prática que viabiliza resultados já, de certa forma, predeterminados, ela estará presente no processo como "instrumento". Pode-se citar como exemplo os percursos de construção de personagens que partem de longos "ensaios de mesa", os quais pretendem, por meio de uma minuciosa análise do texto, determinar *a priori*, todos os aspectos da personagem. A improvisação assumiria, nesse processo, então, o papel de elemento que concretizaria os aspectos já definidos anteriormente. Mas se, por outro lado, a improvisação é utilizada como canal de investigação de aspectos inusitados, estes não presentes explicitamente no texto, a improvisação poderia estar presente no processo de criação como "espaço mental". Buscar-se-ia, dessa forma, o "desconhecido" a partir de um "aparente" conhecido. Pode-se citar como exemplo mais recorrente desse processo, todas as tentativas de releitura dos textos dramáticos ou não dramáticos.

Seja no caso do "actante-estado", seja no do "actante-texto", a única possibilidade de utilização da improvisação seria aquela correspondente ao "espaço mental". Nesses casos, os níveis de ambiguidade e abertura presentes no texto não possibilitariam a utilização da improvisação enquanto "instrumento", uma vez que tal ambuiguidade impediria uma definição prévia dos resultados a serem obtidos. O actante deve, nesses casos, ser necessariamente o produto de um processo de investigação prática.

Parecem prevalecer, em muitos processos de produção teatral, práticas que privilegiam a improvisação como "instrumento", e que viabilizam, por sua vez, a construção do actante-máscara (indivíduo ou tipo). Nesse sentido, parecem ser ainda poucos os atores profissionais que têm um conhecimento que vá além desse âmbito. Para a maioria dos atores, a identificação entre personagem e indivíduo ou tipo, com sua coerência e unidade psicológica, é considerada como única condição de existência "necessária" dos seres ficcionais. Vale notar, no entanto, que dos tipos examinados, o único em que se pode reconhecer a presença da "unidade psicológica" como eixo constitutivo é o do "acatante-máscara" (tipo ou indivíduo). E se refletirmos sobre a história do teatro desde Aristóteles, com seu ambíguo conceito de *mímesis*, passando pelas tragédias, pelas alegorias medievais, até o "actante-texto", veremos que existem muitos exemplos de seres ficcionais que diferem do actante-máscara, tal como definido nesse trabalho. É sobretudo a partir do surgimento do "drama burguês" que a personagem enquanto unidade psicológica se consolida. Mas tal consolidação é acompanhada de inúmeros exemplos que propõem actantes-estado ou actantes-texto, tais como os textos teatrais simbolistas, dadaístas, futuristas, expressionistas e surrealistas. Mesmo não reconhecendo aqui uma hierarquia de valor entre os tipos de seres ficcionais e as práticas improvisacionais já tratadas, poder-se-ia dizer que a imposição do actante-máscara (indivíduo ou tipo), como condição e única possibilidade de existência dos seres ficcionais, é fruto de um olhar viciado, resultante, antes de tudo, de um desconhecimento histórico.

Portanto, a partir da análise presente nos itens 3.1 e 3.2, é possível consignar a existência de diferentes práticas improvisacionais que permitem a construção de diferentes seres ficcionais. No próximo item (3.3), veremos como, a partir de uma reflexão sobre os elementos contidos nas relações entre improvisação e actantes, pode-se pensar em "composição" no caso do trabalho do ator.

3.3. O ATOR-COMPOSITOR

No primeiro capítulo foram analisadas três referências consideradas nesta pesquisa como codificadoras de alguns dos materiais que são utilizados pelo ator. Porém, a contribuição feita por Delsarte, Dalcroze e pelos teatros orientais não se limita à codificação dos materiais tratados. A codificação de tais materiais só se tornou possível porque existia um aspecto comum, presente nas práticas executadas pelas referências em questão: o reconhecimento da existência de elementos constitutivos do trabalho do ator, passíveis de serem utilizados em seu processo expressivo. Foi esse reconhecimento que fez com que tais elementos fossem utilizados enquanto "materiais", tal como definido no final da primeira parte (item 1.4). Os materiais – primário, secundário e terciário – foram diferenciados, em seguida.

No segundo capítulo examinamos a "ação física", primeiramente em sua formulação originária, elaborada por Stanislávski, e posteriormente a partir de referências que contribuíram para seu "alargamento", em termos conceituais e de aplicação. De cada referência tratada foram extraídos "matrizes geradoras", "elementos de confecção" e "procedimentos de confecção" da ação física, os quais compõem o "quadro da ação física"[20]. Vimos, em seguida, como a ação física, utilizada como eixo da prática do ator, pode gerar uma transformação expressiva na relação com os outros elementos do espetáculo, requalificando-os e potencializando-os semanticamente. Levantou-se, então, a hipótese da ação física como elemento estruturante do fenômeno teatral, sobretudo daquele que confere ao ator o valor de eixo de significações.

No capítulo 3, após reconhecer a existência de diferentes práticas improvisacionais e diferentes tipos de seres ficcionais, buscou-se pensar sobre as possibilidades de relação entre tais práticas e tipos, estabelecendo, dessa forma, tal conexão como necessária. É preciso especificar sempre de qual improvisação e qual ser ficcional se está fazendo referência.

Uma vez descritos os materiais a serem utilizados pelo ator, as diferentes práticas improvisacionais e os tipos de seres ficcionais, pode-se agora colocar a questão que tem como objetivo, ao mesmo tempo, justificar e sintetizar o percurso feito até aqui: "Como podemos pensar sobre o conceito de 'composição' no caso do trabalho do ator?"

"Formar de várias partes; entrar na constituição de; constituir; arranjar; dispor..."[21] Essas são algumas definições do termo "compor". Tal termo, assim como o conceito dele derivado – "composição" – é amplamente utilizado enquanto instrumento de análise e apreciação artística em várias formas de arte: Música, Arquitetura, Pintura, Escultura, Dança (composição coreográfica), Cinema (a composição da montagem em Eisenstein...). Além disso, em função de sua importância, tais conceitos constituíram-se em disciplinas presentes nos programas pedagógicos dos cursos de formação artística no mundo inteiro.

Mas quando lemos os programas dos cursos de formação do ator não encontramos a disciplina Composição. Nada mais sensato, então, nos perguntarmos: por quê? Quais seriam os fatores envolvidos, nesse caso, que podem ter contribuído para a não utilização de tal conceito no caso do trabalho do ator? Será um problema restrito ao teatro chamado Ocidental, no qual valores românticos tais como "originalidade", "gênio" e "inspiração" ainda permeiam a prática do ator? Ou tal dificuldade teria relação com os problemas ligados à "matéria" desta forma de arte, ou seja, o aparato psicofísico do ser humano?

20. Dessa forma, tendo definido o "corpo" como material primário no primeiro capítulo, no segundo foram analisados o material secundário – a ação física – e os materiais terciários – suas matrizes, seus elementos e procedimentos de confecção.

21. *Novo Dicionário Aurélio*, Rio de Janeiro, Nova Fronteira, 1988, p. 164.

Tomemos em exame novamente o terceiro trecho citado no item 3.2.

eu vim ao mundo.

eu passei a ser. eu fui gerado. eu surgi. eu fui crescendo. eu fui parido. eu fui registrado no livro de nascimentos. eu fiquei maior.

eu me movi. eu movi partes do meu corpo. eu movi meu corpo. eu me movi no mesmo lugar. eu me movi do lugar. eu me movi de um ponto para o outro. eu tive de me mover. eu fui capaz de me mover.

eu movi minha boca. eu cheguei aos meus sentidos. eu me fiz perceptível. eu gritei. eu falei. eu ouvi ruídos eu distingui diferentes ruídos. eu produzi ruídos. eu produzi sons. eu produzi tons. eu fui capaz de produzir tons, ruídos e sons. eu fui capaz de falar, eu fui capaz de gritar. eu fui capaz de ficar em silêncio.

eu vi. eu revi o que já havia visto. eu me tornei consciente. eu reconheci o que havia visto antes. eu reconheci o que havia reconhecido antes. eu percebi. eu re-percebi o que havia percebido antes. eu me tornei consciente. eu reconheci o que havia percebido antes [...][22]

Como já dito, esse é um dos inúmeros casos presentes na história da dramaturgia em que não há informações suficientes para a constituição do actante-máscara (tipo ou indivíduo). Nesse sentido, como dissemos, trata-se de um exemplo de actante-texto.

Vejamos outro exemplo de actante-texto:

Senhor Antypirine:
Soco Bjai Affahou
A calma do pântano petrolífero
da onde se levantam ao meio-dia as malhas molhadas e amarelas
Faragangama os moluscos
Pedro Ximenes de Batumar
Incham os travesseiros dos pássaros Ca2O4SOH
A dilatação dos vulcões Soco Bejai Affabou
um polígono irregular
a náusea ao som saltitante e belo tempo [...][23]

Também nesse trecho extraído do texto de Tzara publicado em 1920, não vemos uma situação, nem uma personagem definida enquanto unidade psicológica. As palavras são colocadas em sequência sem qualquer critério sintático. Independentemente da distância temporal que separa os dois textos – o de Handke foi escrito em 1970 – eles possuem as características descritas a respeito do actante-texto. Caberia agora a questão: "'como' construir tal ser ficcional, ou seja, o actante-texto?"

Comecemos pela via negativa. Diante dos textos acima citados, assim como diante de outros autores, como Heiner Müller, Koltès etc., não parece ser possível utilizar os mesmos procedimentos que podem

22. P. Handke, "Self-Accusation", *op. cit.*

23. T. Tzara, "A Primeira Aventura Celeste de M. Antipyrine", em Henri Béhar, *Il Teatro Dada e Surrealista*, Torino, Piccola Biblioteca Einaudi, 1976, p. 106.

ser empregados para construir o actante-máscara (tipo ou indivíduo). Diante de tais textos, novos caminhos devem ser buscados, pois se tornam necessários. Assim como Stanislávski aprofundou seu sistema a partir das dificuldades encontradas para construir as personagens presentes nos textos de Tchékhov, podemos, a partir das considerações feitas anteriormente, levantar algumas hipóteses.

Diante de tais textos, talvez o percurso de construção do actante--estado e do actante-texto deva ser analítico, e não sintético. Ou seja, não se perseguiria uma "ideia" genérica relacionada a tal ser ficcional para poder construí-lo. Servindo-se da improvisação enquanto "espaço mental", vários procedimentos pertencentes a diferentes matrizes podem ser empregados: visualização de imagens, resgate de experiências pessoais, associações mentais resultantes da utilização sonora das palavras etc. Um dos caminhos possíveis poderia ser o trabalho sobre pequenos trechos do texto, buscando uma construção gradual de sentido. Tal sentido pode ser alcançado a partir da execução de ações vocais e físicas utilizando tais partes do texto. Uma vez que pequenas sequências de ações foram construídas, pode-se trabalhar sobre as ligações entre elas. Como resultado obter-se-ia uma partitura.

Porém, assim como o caminho descrito acima pode representar uma possibilidade de construção do actante-texto, muitas outras também podem ser as possibilidades de construção. Seria não somente inútil, mas paradoxal tentar descrever os caminhos possíveis de construção de sentido no trabalho sobre o actante-estado ou o actante-texto, pois as abordagens nesses casos dependem de uma série de fatores também subjetivos. Porém, é importante notar as diferenças presentes entre esses processos e aqueles correspondentes à construção do actante-máscara (tipo ou indivíduo). Nos processos de construção do actante-estado e do actante-texto abre-se a possibilidade, ou mesmo a necessidade de um trabalho com diferentes elementos, procedimentos e matrizes de ações. E aqui podemos retomar a questão colocada no item 3.1 relativa à improvisação enquanto espaço-mental. Uma vez que não se pode dispor da unidade psicológica que confere coerência e unidade ao actante-máscara, quais seriam os fatores que confeririam unidade ao actante-estado e ao actante-texto?

Como dito acima, independentemente das opções subjetivas presentes em todo processo artístico, os tipos de seres ficcionais aqui examinados abrem a possibilidade de utilização de diferentes elementos, procedimentos e matrizes em seu processo de construção. A utilização de materiais de diferentes naturezas deverá gerar, por sua vez, a necessidade de inserir transições entre esses materiais. A busca de sentido de cada material e das possíveis transições entre eles envolve, dessa forma, uma competência específica do ator. Utilizando-se de vários materiais, o ator poderá selecioná-los somente a partir das percepções resultantes de uma experimentação prática. Ele deverá ser capaz de perceber quais os materiais adequados, que produzem "sentido" a partir da execução de suas ações. Assim, o percurso de construção do actante-estado e do actante-texto se dá na direção inversa daquele utilizado para construir o actante-máscara (indivíduo ou tipo). Neste último caso, o sentido é obtido a partir das informações contidas no texto para, em seguida, traduzi-las em ações, através do ator. No actante-estado e no actante-texto, as ações executadas pelo ator, em muitos casos, são o ponto de partida para a construção do sentido do texto. Ou seja, o sentido é produzido a partir da execução das ações físicas e vocais do ator. Nesse caso, o ator deve ser capaz de preencher e justificar as próprias ações e transições a partir da "materialidade" de tais ações físicas e vocais. Na construção do actante-máscara existe uma conexão entre intenção e sentido. Na construção do actante-estado e do actante-texto, existe uma conexão entre corporeidade e sentido. A unidade do actante-estado e do actante-texto, assim, encontra-se não na coerência psicológica, mas na partitura de ações[24].

A escolha pela análise de processos de construção dos actantes a partir de textos já escritos, está relacionada aos motivos já expostos anteriormente. Como sabemos, assim como há muitos teatros, há inúmeros processos de construção de seres ficcionais a partir de outras matrizes. De qualquer forma, seja a partir de textos já escritos ou de outras matrizes, considera-se aqui o processo de trabalho do ator como um processo de composição.

Se na construção do actante-estado e do actante-texto torna-se evidente a abertura de possibilidades ou mesmo a necessidade de uso de diferentes matrizes, elementos e procedimentos de confecção da ação, também no processo de construção do actante-máscara (indivíduo ou tipo) tal necessidade pode surgir. Para se conseguir representar determinados aspectos do indivíduo ou do tipo, pode ser necessário recorrer a experiências pessoais ou a procedimentos extratextuais como no caso do "ator-escorpião", em Stanislávski. Desta forma, a diferença existente entre os actantes tratados é uma diferença de "grau" de composição. Em todos eles a ação física é o eixo de construção, mas os processos de composição, no actante-estado e do actante-texto, envolvem procedimentos mais complexos os quais exigem uma competência mais alargada do ator.

24. Como já dito, por "partitura" entende-se a sequência de ações físicas e vocais executadas pelo ator. Fundamental para o entendimento e a consequente elaboração deste processo foi a montagem do espetáculo *Silêncio*, a partir do texto *Auto-Acusação*, obra já citada de Peter Handke. Foram as partituras vocais e corporais, construídas por mim e por Yedda Chaves, sob direção de Beth Lopes, que "emprestavam" um sentido ao texto. Neste caso, não era o texto que "contava uma história", mas sim a atuação dos atores a partir das partituras vocais e corporais. Tal processo de criação foi posteriormente retomado e aprofundado em *Descartes*, monólogo dirigido por Beth Lopes, atuado por mim e adaptado por Fernando Bonassi a partir da meditação IV de Descartes – "Do Verdadeiro e do Falso".

Há, além disso, especificidades ligadas ao ator-compositor. A partir do conhecimento dos elementos que envolvem a prática de seu ofício, e utilizando-se da ação física como eixo dessa prática, ele adquire a possibilidade de deixar de ser somente uma peça da engrenagem que constitui a obra teatral, assim como pode superar a condição de "consumidor de técnicas" de interpretação. Em função da necessidade, sobretudo do ator contemporâneo, de construir não apenas actantes-máscara, mas também actantes-estado e actantes-texto, a ação física, com suas matrizes, elementos e procedimentos de confecção, adquire um valor de instrumento potente, capaz de oferecer inúmeras possibilidades de resolução para os diferentes processos criativos. Assim como no segundo capítulo deste trabalho, em que várias referências foram abordadas tendo a ação física como eixo de análise, o ator, utilizando a ação física como fio condutor de seu trabalho, pode fazer das diferentes teorias ou técnicas de interpretação, pontos de um mesmo fio, engrenagens de um mesmo eixo, faces de um mesmo sólido.

O ator, diante do actante-máscara (indivíduo ou tipo), do actante-estado ou do actante-texto, em diferentes níveis, poderá utilizar-se de materiais de diferentes naturezas. A utilização consciente de tais materiais não reduzirá as possibilidades criativas de seu trabalho. Ao contrário, poderá criar um terreno fértil, gerador de descobertas, associações e abduções. Cada vez mais, as pesquisas no campo da arte mostram que o espontaneísmo é um estereótipo romântico e a consciência dos elementos que estão envolvidos no trabalho artístico não impedem, mas sim preparam para novas e inesperadas descobertas. Diante da complexidade dos fenômenos teatrais contemporâneos, o ator, a fim de ser criador, precisará saber compor. Mas para poder compor, ele deverá ser capaz não só de fazer, mas de *pensar o fazer*.

Se alguém estica o braço e olha a própria mão, pode reconhecê-la como tal. Mas se, aos poucos, esse alguém aproxima a própria mão dos olhos, perceberá imperfeições, diferentes superfícies e texturas. Esse mesmo processo foi buscado no que se refere aos três aspectos centrais no trabalho do ator-compositor: a ação física, seu eixo; as práticas improvisacionais e os seres ficcionais. Aspectos, estes, que se não observados genericamente, também, aos poucos, podem revelar suas diferentes texturas. Com diferentes texturas trabalha também o ator- compositor. A diferentes texturas ele deve dar um sentido, uma unidade. Tal unidade, por sua vez, só pode emergir de um diálogo – entre o fazer e o pensar o fazer. O fazer, com seu sentir e perceber, transforma o pensar. E o pensar, com a força de sua elaboração, transforma o fazer. Assim, o fazer transformando o pensar e o pensar transformando o fazer geram uma espiral incessante. É nessa espiral que se move o ator-compositor.

A composição no trabalho do ator, assim como em outras formas de arte, coloca em evidência os aspectos palpáveis de seu ofício. Porém, ela não deve ser o resultado de uma operação somente intelectual. A verdadeira composição é aquela que imprime inexoravelmente uma experiência, mas não expõe as razões de suas escolhas. Deixa somente rastros...

Bibliografia

ARTIGOS

DE MARINIS, Marco. "En quête de l'action physique, au théâtre et au delà du théâtre, de Stanislávski a Barba". *Revista Degrés*, Paris, n. 97-98-99, pp. c1-c20.

PAVIS, Patrice. "El Gestus Brechtiano y sus avatares en la puesta en escena contemporánea", p. 120. *ADE Teatro. Revista de la Asociación de Directores de Escena de España*, n. 70-71, Madrid, octobre, 1998.

WOLFORD, Lisa. "Action". *The Drama Review* 40, 4, New York, Winter, 1996, pp. 134-153.

LIVROS

AUDOUZE, Jean *et alli. Conversas sobre o Invisível*. São Paulo, Brasiliense, 1991.

ABBAGNANO, Nicola. *Dicionário de Filosofia*. São Paulo, Editora Mestre Jou, 1982.

ADLER, Stella. *Técnica da Representação Teatral*. Rio de Janeiro, Civilização Brasileira, 1992.

ARISTÓTELES. "Poética". *Os Pensadores*. São Paulo, Editora Abril, 1973.

______. "Metafísica". *Os Pensadores*, São Paulo, Editora Abril, 1982.

ARNHEIM, Rudolph. *Arte e Percezione Visiva*. Milano, Feltrinelli, 1971.

ARTAUD, A. *O Teatro e seu Duplo*. São Paulo, Max Limonad, 1984.

______. *Linguagem e Vida*, São Paulo, Perspectiva, 1995.

ASLAN, Odette. *O Ator no Século XX*. São Paulo, Perspectiva, 1994.

AZZARONI, Giovanni. *Dentro il Mondo del Kabuki*. Bologna, Clueb, 1988.

BABLET, D. *Collage et montage au théâtre et dans les autres arts*. Lausanne, La Cité/ L'Age d'Homme, 1978.

BANES, Sally. *La post-modern dance*. Macerata, Ephemeria, 1993.

BARBA, Eugenio. *La Canoa di Carta. Trattato di Antropologia Teatrale*. Bologna, Il Mulino, 1993

BARBA, Eugenio e SAVARESE, Nicola. *A Arte Secreta do Ator*. Campinas, Hucitec, 1995.

BARTHES, Roland. *Elementi di Semiologia*. Torino, Einaudi, 1966.

BATY, G. e CHAVANCE, R. *El Arte Teatral*. México, Tezontle, 1992.

BAUDRILLARD, Jean. *Simulacros e Simulação*. Lisboa, Relógio D'água Editores, 1991.

BÉHAR, H. *Il Teatro Dada e Surrealista*. Milano, Einaudi, 1976.

BENTIVOGLIO, Leonetta. *Il Teatro di Pina Baush*. Milano, Ubulibri, 1985.

BERNARDINI, A. F. *O Futurismo Italiano*. São Paulo, Perspectiva, 1980.

BOLESLAVSKI, Richard. *A Arte do Ator*. São Paulo, Perspectiva, 1992.

BORNHEIM, G. *Sartre*, p. 57. São Paulo, Perspectiva, 1971.

BRECHT, Bertold. *Scritti Teatrali*. 3 vols., Milano, Einaudi, 1975.

________. *Mãe Coragem e seus Filhos*. Rio de Janeiro, Paz e Terra, pp. 198-199.

________. *Estudos Sobre Teatro*. Rio de Janeiro, Nova Fronteira, 1978, p. 83.

BROOK, Peter. *O Teatro e o seu Espaço*. Rio de Janeiro, Vozes, 1970.

________. *O Ponto de Mudança*. Rio de Janeiro, Civilização Brasileira, 1995.

________. *A Porta Aberta*. Rio de Janeiro, Civilização Brasileira, 1999.

________. *Fios do Tempo*. Rio de Janeiro, Bertrand Brasil, 2000.

________. *Il Punto in Movimento*. Milano, Ubulibri, 1987, p. 40.

BURNIER, L. O. "Da Técnica à Representação". Tese de Doutorado. PUC, 1994.

CANDIDO, Antonio *et alli*. *A Personagem de Ficção*. Perspectiva, São Paulo, 1987.

CARVALHO CHAVES, Yedda. "A Biomecânica como Princípio Constitutivo da Arte do Ator". Dissertação de mestrado. São Paulo, ECA-USP, 2001.

CASINI-ROPA, Eugenia. *La Danza e L'agit-prop*. Bologna, Il Mulino, 1989.

________. (org.). *Alle Origini della Danza Moderna*. Bologna, Il Mulino, 1990.

CHABROL, Claude *et alli*. *Semiótica Narrativa e Textual*. São Paulo, Cultrix, 1977.

CHACRA, Sandra. *Natureza e Sentido da Improvisação Teatral*. São Paulo, Perspectiva, 1991.

COHEN, Renato. *Work in Progress na Cena Contemporânea*. São Paulo, Perspectiva, 1999.

COLE, Toby e CHINOY, Helen (org.). *Actors on Acting*. New York, Crown Publishers, 1970.

CRAIG, Gordon. *Il mio Teatro*. Milano, Feltrinelli, 1971.

CRINO, Giovanni. *La Rivoluzione Teatrale*. Roma, Editori Riuniti, 1962.

CRUCIANI, Fabrizio *et alli*. *Civiltà Teatrale del XX Secolo*. Bologna, Il Mulino, 1986.

D'AMICO, Silvio. *Historia del Teatro Universal*. 4 volumes. Buenos Aires, Losada, 1954.

DECROUX, Étienne. *Parole sur Mimo*. Milano, Edizione del Corpo, 1992.

DE MARINIS, Marco. *Mimo e Mimi*. Firenze, La Casa Usher, 1980.

________. *Semiotica del Teatro*. Milano, Bompiani, 1982.

DE MARINIS, Marco (org.). *La Drammaturgia dell'Attore*. Coleção Teatro Eurasiano n. 3, Bologna, I Quaderni del Battello Ebbrio, 1997.

DIDEROT, Denis. "Paradoxo sobre o Comediante", *Os Pensadores*. São Paulo, Abril Cultural, 1973.

DUMAS, A. (org.). *Mémoires de J. F. Talma*. Paris, Hippolyte Souverain éditeur, 1849-1850.

DUNCAN, Isadora. *Lettere sulla Danza*. Firenze, La Casa Usher, 1980.

DUNN, Charles J. e TORIGOE, Bunzô (org.). *The Actors Analects*. Tokyo, University of Tokyo Press, 1978.

ECO, Umberto. *Trattato di Semiotica Generale*. Milano, Bompiani, 1982.

EISENSTEIN, S. M. *The Enchanter from the Pear Garden*. ISTA, 1986.

______. *Il Montaggio*. Venezia, Marsilio Editore, 1986.

______. *La Nuova Enciclopedia delle Scienze Garzanti*. Milano, Garzanti, 1991.

EYNATT-CONFINO, Irene. *Beyond the Mask: Gordon Craig, Movement and the Actor*. Carbondale and Edwarddsville, Southern Illinois University Press, 1987.

FERNANDES, Sílvia. *Memória e Invenção: Gerald Thomas em Cena*. São Paulo, Perspectiva, 1996.

FORSTER, E. M. *Aspects of the Novel*, London, Edward Arnold, 1927.

FOUCALT, Michel. *As Palavras e as Coisas*. São Paulo, Martins Fontes, 1990.

GALIZIA, Luís Roberto. *Os Processos Criativos de Robert Wilson*. São Paulo, Perspectiva, 1986.

GIRAUDET, A. *Mimique, Physionomie et Gestres: Methode Pratique de Systeme de François Del Sarte*. Paris, 1892.

GLUSBERG, Jorge. *A Arte da Performance*. São Paulo, Perspectiva, 1987.

GORDON, M. *Dada Performance*. New York, Paj Publications, 1987.

GRAHAM, Martha. *Memoria di Sangue*. Milano, Garzanti, 1991.

GREIMAS, A. J. *et alli*. *Práticas e Linguagens Gestuais*. Lisboa, Editoral Veja, 1979.

GREIMAS, A. J. e COURTÉS, J. *Semiotica. Dizionario Ragionato della Teoria del Linguaggio*. Firenze, La Casa Usher, 1979.

GROTÓVSKI, Jerzy. *Towards a Poor Theatre*. Holstebro, Odin Teatrets Verlag, 1968.

GUATTERINI, Marinella (org.). *La Parola alla Danza*. Lezioni Milanesi n. 3, Milano, Ubulibri, 1991.

GUINSBURG, J. *Stanislávski e o Teatro de Arte de Moscou*. São Paulo, Perspectiva, 1992.

______. *Stanislávski, Meierhold & Cia*. São Paulo, Perspectiva, 2001.

______. *Da Cena em Cena*. São Paulo, Perspectiva, 2001.

GUINSBURG, J. *et alli*. *Semiologia do Teatro*. São Paulo, Perspectiva, 1978.

HALL, E. T. *La Dimensione Nascosta*. Milano, Bompiani, 1968.

HANDKE, P. *Auto-Acusação*. Berlim, Surkhamp, 1970. Tradução de Matteo Bonfitto e Alexandre Krug.

HEGEL, F. "Estética". *Os Pensadores*. São Paulo, Abril Cultural, 1984.

HOGHE, Raimund e ULLI, Weiss. *Bandoneon*. São Paulo, Attar Editores, 1989.

HUMPHREY, Doris. *The Art of Making Dances*. London, Dance Books, 1959.

JACQUES-DALCROZE, E. *Ritmo-Musica-Educazione*. Milano, Ulrico Hoepli, 1925.

KANTOR, Tadeusz. *Wielopole, Wielopole*. Milano, Ubulibri, 1981.

______. *Kantor, l'artiste a la fin du XX siècle*. Paris, Actes Sud Papiers, 1990.
______. *Lezioni Milanesi I*, Milano, Ubulibri, 1985.
Kusnet, Eugenio. *Ator e Método*. Rio de Janeiro, Inacen, 1987.
Laban, R. *O Domínio do Movimento*. São Paulo, Summus Editorial, 1978.
______. *Effort*. Londo, Macdonald & Evans, 1965, p. 66.
Lalande, A. *Vocabulário Técnico e Crítico da Filosofia*. Porto, Editora Rés, 1973, p. 81.
Lang-Fang, Mei. *My Life on the Stage*. ISTA, 1986.
Lewis, Robert. *Método ou Loucura*. Fortaleza, Edições Tempo Brasileiro, 1982.
Lyotard, Jean-François. *La Condizione Postmoderna*. Milano, Feltrinelli, 1985.
Meierhold, Vsevelod. *L'Ottobre Teatrale*. Milano, Feltrinelli, 1977.
______. *L'attore Biomeccanico*. Milano, Ubulibri, 1993.
______. "Sul Teatro". In Crino, Giovanni. *La Rivoluzione Teatrale*. Roma, Editori Riunti, 1962.
Merleau-Ponty. *Fenomenologia della Percezione*. Milano, Il Saggiatore, 1965.
______. *O Visível e o Invisível*. São Paulo, Perspectiva, 1984.
Motokyo, Z. *Il Segreto del Teatro No*. Milano, Adelphi, 1966, p. 47.
Oida, Yoshi. *L'Attore Fluttuante*. Roma, Editori Riuniti, 1993.
Oida, Yoshi e Marshall, Lorna. *The Invisible Actor*. London, Methuen, 1997.
Ortega y Gasset, José. *A Ideia do Teatro*. São Paulo, Perspectiva, 1991.
Ottai, Antonella (org.). *Teatro Oriente/Occidente*. Roma, Bulzoni, 1986.
Pavis, Patrice. *Dizionario del Teatro*. Zanichelli, Milano, 1997. Trad. bras., São Paulo, Perspectiva, 1999.
______. "Du texte à la scene: un enfantement difficile". *Le Théâtre au croisements des cultures*. Paris, José Corti, 1990.
Platão. "O Banquete". *Os Pensadores*. São Paulo, Abril, 1974.
Prado. Décio de Almeida. *João Caetano*. São Paulo, Perspectiva, 1972.
Propp, Vladimir. *Morfologia della Fiabba*. Roma, Newton Compton, 1978.
Richards, Thomas. *Al Lavoro com Grotowski sulle Azioni Fisiche*. Milano, Ubulibri, 1993.
Ripellino, Angela Maria. *O Truque e a Alma*. São Paulo, Perspectiva, 1996.
Ryngaert, Jean Pierre. *Introdução à Análise do Teatro*. São Paulo, Martins Fontes, 1996.
Schechner, Richard. *La Teoria della Performance*. New York, Theater Communications Group, 1988.
Sclemmer, Oskar *et alli*. *Il Teatro del Bauhaus*. Milano, Einaudi, 1975.
Segolin, Fernando. *Personagem e Anti-Personagem*. São Paulo, Cortez & Moraes, 1978.
Shawn, Ted. *Every Little Movement, A Book About F. Delsarte*. New York, Witmark & Sons, 1963.
Silva, Armando S. da (org.). *Diálogos sobre o Teatro*. São Paulo, Edusp, 1992.
Sorell, Water. *Storia della Danza*. Bologna, Il Mulino, 1994.
Souriau, Etiènne. *As Duzentas mil Situações Dramáticas*. São Paulo, Editora Ática, 1993.
Sperber, Susi F. *et alli*. *Revista do Lume*, números 01, 02 e 03, Campinas, CGU, Unicamp, 1998, 1999 e 2000.

SPOLIN, Viola. *Improvisação para o Teatro*. São Paulo, Perspectiva, 1987.

STANISLÁVSKI, Constantin. *A Preparação do Ator*. Rio de Janeiro, Civilizacão Brasileira, 1989.

_______. *A Construção da Personagem*. Rio de Janeiro, Civilização Brasileira, 1976.

_______. *A Criação do Papel*. Rio de Janeiro, Civilização Brasileira, 1987.

_______. *El Trabajo del Actor sobre si Mismo, en el Proceso Creador de las Vivencias*. Buenos Aires, Quetzal, 1977.

_______. *El Trabajo del Actor sobre su Papel*. Buenos Aires, Quetzal, 1977.

_______. *La mia Vita nell'Arte*. Milano, Einaudi, 1963.

_______. *L'Attore Creativo*. Firenze, La casa Usher, 1989.

_______. *Le Mie Regie*. Milano, Ubulibri, 1986.

_______. *Trabajos Teatrales*. Buenos Aires, Quetzal, 1986.

STEBBINS, Genevieve. *Delsarte Sistem of Expression*. New York, Werner, 1885.

STO AGOSTINHO. "Confissões". *Os Pensadores*. São Paulo, Abril Cultural, 1985.

SVOBODA, Joseph. *Architetture dell'Immaginario*. Milano, Ubulibri, 1988.

SYMONS, James M. *Meyerhold's Theatrale of the Grotesque*. Florida, Coral Gables, University of Miami Press, 1971, p. 126.

TCHÉKHOV, Michael. *Para o Ator*. São Paulo, Martins Fontes, 1996.

TEIXEIRA COELHO NETO, José. *Em Cena, o Sentido*. São Paulo, Duas Cidades, 1980.

TODOROV, T. *As Estruturas Narrativas*. São Paulo, Perspectiva, 1969.

TOPORKOV, Vassilÿ. *Stanislavski alle Prove*. Milano, Ubulibri, 1991.

UBERSFELD, Anne. *L'école du spectateur*. Paris, Sociales, 1981.

VACHTANGOV. *Il Sistema e l'Eccezione*. Firenze, La Casa Usher, 1984.

VIRMAUX, Alan. *Artaud e o Teatro*. São Paulo, Perspectiva, 1978.

WILLIANS, T. *Um Bonde Chamado Desejo*. São Paulo, Editora Abril, 1980, pp. 206-209.

WAGNER, Richard. *L'Opera D'Arte dell'Avvenire*. Milano, Rizzoli, 1963.

ZENCHIKU, Z. *Iwanami Shoten*. Tokyo, 1974. Trad. italiano de Antonella Chini.

TEATRO NA ESTUDOS

João Caetano
Décio de Almeida Prado (E011)

Mestres do Teatro I
John Gassner (E036)

Mestres do Teatro II
John Gassner (E048)

Artaud e o Teatro
Alain Virmaux (E058)

Improvisação para o Teatro
Viola Spolin (E062)

Jogo, Teatro & Pensamento
Richard Courtney (E076)

Teatro: Leste & Oeste
Leonard C. Pronko (E080)

Uma Atriz: Cacilda Becker
Nanci Fernandes e Maria T. Vargas (orgs.) (E086)

TBC: Crônica de um Sonho
Alberto Guzik (E090)

Os Processos Criativos de Robert Wilson
Luiz Roberto Galizia (E091)

Nelson Rodrigues: Dramaturgia e Encenações
Sábato Magaldi (E098)

José de Alencar e o Teatro
João Roberto Faria (E100)

Sobre o Trabalho do Ator
M. Meiches e S. Fernandes (E103)

Arthur de Azevedo: A Palavra e o Riso
Antonio Martins (E107)

O Texto no Teatro
Sábato Magaldi (E111)

Teatro da Militância
Silvana Garcia (E113)

Brecht: Um Jogo de Aprendizagem
Ingrid D. Koudela (E117)

O Ator no Século XX
Odette Aslan (E119)

Zeami: Cena e Pensamento Nô
Sakae M. Giroux (E122)

Um Teatro da Mulher
Elza Cunha de Vincenzo (E127)

Concerto Barroco às Óperas do Judeu
Francisco Maciel Silveira (E131)

Os Teatros Bunraku e Kabuki: Uma Visada Barroca
Darci Kusano (E133)

O Teatro Realista no Brasil: 1855-1865
João Roberto Faria (E136)

Antunes Filho e a Dimensão Utópica
Sebastião Milaré (E140)

O Truque e a Alma
Angelo Maria Ripellino (E145)

A Procura da Lucidez em Artaud
Vera Lúcia Felício (E148)
Memória e Invenção: Gerald Thomas em Cena
Sílvia Fernandes (E149)
O Inspetor Geral *de Gógol/Meyerhold*
Arlete Cavaliere (E151)
O Teatro de Heiner Müller
Ruth C. de O. Röhl (E152)
Falando de Shakespeare
Barbara Heliodora (E155)
Moderna Dramaturgia Brasileira
Sábato Magaldi (E159)
Work in Progress na Cena Contemporânea
Renato Cohen (E162)
Stanislávski, Meierhold e Cia
J. Guinsburg (E170)
Apresentação do Teatro Brasileiro Moderno
Décio de Almeida Prado (E172)
Da Cena em Cena
J. Guinsburg (E175)
O Ator Compositor
Matteo Bonfitto (E177)
Ruggero Jacobbi
Berenice Raulino (E182)
Papel do Corpo no Corpo do Ator
Sônia Machado Azevedo (E184)
O Teatro em Progresso
Décio de Almeida Prado (E185)
Édipo em Tebas
Bernard Knox (E186)
Depois do Espetáculo
Sábato Magaldi (E192)
Em Busca da Brasilidade
Claudia Braga (E194)
A Análise dos Espetáculos
Patrice Pavis (E196)
As Máscaras Mutáveis do Buda Dourado
Mark Olsen (E207)
Crítica da Razão Teatral
Alessandra Vannucci (E211)
Caos e Dramaturgia
Rubens Rewald (E213)
Para Ler o Teatro
Anne Ubersfeld (E217)
Entre o Mediterrâneo e o Atlântico
Maria Lúcia de Souza B. Pupo (E220)
Yukio Mishima: O Homem de Teatro e de Cinema
Darci Kusano (E225)
O Teatro da Natureza
Marta Metzler (E226)
Margem e Centro
Ana Lúcia V. de Andrade (E227)
Ibsen e o Novo Sujeito da Modernidade
Tereza Menezes (E229)
Teatro Sempre
Sábato Magaldi (E232)
O Ator como Xamã
Gilberto Icle (E233)
A Terra de Cinzas e Diamantes
Eugenio Barba (E235)
A Ostra e a Pérola
Adriana Dantas de Mariz (E237)
A Crítica de um Teatro Crítico
Rosangela Patriota (E240)
O Teatro no Cruzamento de Culturas
Patrice Pavis (E247)
Eisenstein Ultrateatral: Movimento Expressivo e Montagem de Atrações na Teoria do Espetáculo de Serguei Eisenstein
Vanessa Teixeira de Oliveira (E249)
Teatro em Foco
Sábato Magaldi (E252)
A Arte do Ator entre os Séculos XVI e XVIII
Ana Portich (E254)
O Teatro no Século XVIII
Renata S. Junqueira e Maria Gloria C. Mazzi (orgs.) (E256)
A Gargalhada de Ulisses
Cleise Furtado Mendes (E258)
Dramaturgia da Memória no Teatro-Dança
Lícia Maria Morais Sánchez (E259)
A Cena em Ensaios
Béatrice Picon-Vallin (E260)
Teatro da Morte
Tadeusz Kantor (E262)
Escritura Política no Texto Teatral
Hans-Thies Lehmann (E263)
Na Cena do Dr. Dapertutto
Maria Thais (E267)
A Cinética do Invisível
Matteo Bonfitto (E268)
Luigi Pirandello: Um Teatro para Marta Abba
Martha Ribeiro (E275)
Teatralidades Contemporâneas
Sílvia Fernandes (E277)
Conversas sobre a Formação do Ator
Jacques Lassalle e Jean-Loup Rivière (E278)

A Encenação Contemporânea
Patrice Pavis (E279)
As Redes dos Oprimidos
Tristan Castro-Pozo (E283)
O Espaço da Tragédia
Gilson Motta (E290)
A Cena Contaminada
José Tonezzi (E291)
A Gênese da Vertigem
Antonio Araújo (E294)
A Fragmentação da Personagem no Texto Teatral
Maria Lúcia Levy Candeias (E297)
Alquimistas do Palco: Os Laboratórios Teatrais na Europa
Mirella Schino (E299)
Palavras Praticadas: O Percurso Artístico de Jerzy Grotowski, 1959-1974
Tatiana Motta Lima (E300)
Persona Performática: Alteridade e Experiência na Obra de Renato Cohen
Ana Goldenstein Carvalhaes (E301)
Como Parar de Atuar
Harold Guskin (E303)
Metalinguagem e Teatro: A Obra de Jorge Andrade
Catarina Sant Anna (E304)
Enasios de um Percusro
Esther Priszkulnik (E306)
Função Estética da Luz
Roberto Gill Camargo (E307)
Poética de "Sem Lugar"
Gisela Dória (E311)
Entre o Ator e o Performer
Matteo Bonfitto (E316)
A Missão Italiana: Histórias de uma Geração de Diretores Italianos no Brasil
Alessandra Vannucci (E318)
Além dos Limites: Teoria e Prática do Teatro
Josette Féral (E319)
Ritmo e Dinâmica no Espetáculo Teatral
Jacyan Castilho (E320)
A Voz Articulada Pelo Coração
Meran Vargens (E321)
Beckett e a Implosão da Cena
Luiz Marfuz (E322)
Teorias da Recepção
Claudio Cajaiba (E323)
A Dança e Agit-Prop
Eugenia Casini Ropa (E329)
O Soldado Nu: Raízes da Dança Butô
Éden Peretta (E332)
Teatro Hip-Hop
Roberta Estrela D'Alva (E333)
Alegoria em Jogo: A Encenação Como Prática Pedagógica
Joaquim C.M. Gama (E335)
Jorge Andrade: Um Dramaturgo no Espaço-Tempo
Carlos Antônio Rahal (E336)
Campo Feito de Sonhos: Inserção e Educação Através da Arte
Sônia Machado de Azevedo (E339)
Os Miseráveis Entram em Cena: Brasil, 1950-1970
Marina de Oliveira (E341
Isto Não É um Ator
Melissa Ferreira (E342)
Teatro: A Redescoberta do Estilo e Outros Escritos
Michel Saint-Denis (E343)

Este livro foi impresso na cidade de Cotia,
nas oficinas da Meta Brasil,
para a Editora Perspectiva.